Joseph Scheppach

Asia Bibi

Eine Frau glaubt um ihr Leben

BRUNNEN
Verlag GmbH · Giessen

Auch nach intensiver Recherche konnten die Rechte am Coverbild nicht ermittelt werden. Der Verlag dankt für Hinweise.

© 2020 Brunnen Verlag GmbH Gießen
Umschlaggestaltung: Jonathan Maul
Satz: DTP Brunnen
Druck: GGP Media GmbH, Pößneck
ISBN Buch 978-3-7655-0738-0
ISBN E-Book 978-3-7655-7554-9

www.brunnen-verlag.de

INHALT

1

EINLEITUNG

Das Martyrium beginnt am 19. Juni 2009. An diesem Freitag öffnet sich für Asia Noreen Bibi der Vorhof zur Hölle – wegen eines Schlucks Wasser. Am Ende ihres Leidenswegs wird sie zu einer Ikone unter den Massen an Opfern der weltweit zunehmenden Christenverfolgung.

Zwei pakistanische Muslima beschuldigen die Christin, Brunnenwasser „verunreinigt" zu haben. Die *Choori* – wie „unreine" Christen genannt werden – hat aus einem ins Wasser getauchten Becher getrunken. In dem von den Frauen provozierten Streit verliert sie angeblich gotteslästerliche Worte. Sie bringen ihre Widersacherinnen in Rage – und Asia Bibi in Lebensgefahr. Die 38-jährige Christin wird angeklagt, den Propheten Mohammed beleidigt zu haben und wegen Blasphemie zum Tode durch den Strang verurteilt. Dazu kommt eine immens hohe Geldstrafe.

Neun quälend lange Jahre muss die bitterarme Mutter von fünf Kindern bei jedem Klick des Eisenschlosses ihrer Zelle den Henker fürchten. Lebendig begraben vegetiert sie in einem dunklen Kerker, die Wände schwarz vor Dreck. Der Boden durchtränkt von Schlamm, Kot und Urin.

Die herzzerreißende Tortur der Landarbeiterin interessiert zunächst niemand. Erstmals in der Geschichte Pakistans wird eine Christin wegen Gotteslästerung mit dem Tod bestraft. Doch der pakistanischen Presse ist das keinen Bericht wert.

Ausländische christliche Organisationen rufen zu Gebeten für die Todgeweihte auf. Die *Katholische Liga*, eine US-Organisation, fordert die *Vereinten Nationen* auf, gegen Blasphemiegesetze in aller Welt vorzugehen. Gläubige auf der ganzen Welt beten für Asia Bibi und ihre Familie. Die *UNO* und auch Papst Benedikt XVI., später Papst Franziskus rufen dazu auf, die Vorwürfe fallen zu lassen. Hunderttausende Unterstützer unterschreiben Appelle für ihre Freilassung. Die internationale Presse berichtet. „Es ist ein obszönes Gesetz, das in Wahrheit mit Religion nichts zu tun hat", wettert Ali Hasan Dayan von der Menschenrechtsorganisation *Human Rights Watch (HRW)* in der britischen Zeitung *The Telegraph*. Sie macht als eines der ersten Medien den Fall publik.

Gerichtliche Anhörungen werden immer wieder von islamischen Fanatikern sabotiert. Der Prozess wird verschleppt. Vergeblich richtet Asia Bibis Ehemann Gnadengesuche an den pakistanischen Präsidenten. Erst ein mutiger Anwalt boxt das Verfahren bis zum Obersten Gericht

Pakistans durch. Am 31.10.2018 dann das erlösende Urteil: „Asia Bibi wird vom Vorwurf der Blasphemie wegen nicht ausreichender Beweise freigesprochen", verkündet der Präsident des Obersten Gerichts, Saqib Nisar. „Sie ist sofort freizulassen."

Aber daraus wird nichts. Unmittelbar nach dem mutigen Richterspruch flammen Unruhen auf. Fanatische Kleriker wollen eine Wiederaufnahme des Verfahrens erreichen.

Nach einem schier endlos scheinenden juristischen Hickhack – begleitet von erneuten Protesten islamischer Fanatiker – kann Asia Bibi am 8. Mai 2019 Pakistan verlassen. Den Tag verbringt sie mit ständigen Danksagungen an Gott, der ihre Gebete erhört hat.

Heute lebt Asia Bibi im Exil – an einem geheimen Ort in Kanada. Dorthin konnten auch ihr Mann und ihre Töchter ausreisen.

Kaum in Freiheit macht Asia Bibi einen schier unglaublichen Schritt. Trotz des unsagbaren Leids, das sie ertragen musste, vergibt sie ihren Peinigern. Und sie weist auf Leidensgenossen hin: „Es gibt viele andere Beschuldigte, die Jahre im Gefängnis verbringen", sagt sie in ihrem ersten Interview und fordert: „Auch hier sollten die Gerichte zu deren Gunsten entscheiden."

Mehr als 1200 Menschen wurden seit 1986 wegen Blasphemie angeklagt, hat die *Neue Züricher Zeitung* herausgefunden. 187 „Asia Bibis" schmachten derzeit wegen Blasphemie in Pakistans Gefängnissen. Während der Haft oder nach der Freilassung wurden laut der Wochenzeitung *Friday Times* in den letzten Jahren mindestens 32 Personen gelyncht. Diese Gräueltaten an „Gotteslästerern" sind nur die Spitze des Eisbergs. Aus religiösem Hass wurden in der islamischen Republik Pakistan in den letzten Jahren mindestens 28 Christen ermordet. Zahlreiche Kirchen und christliche Häuser wurden zerstört. Hunderte Christinnen wurden mit Muslimen zwangsverheiratet und entführt.

In die Hunderte geht auch die Zahl zum Christentum konvertierter Ex-Muslime, die im vergangenen Jahr aus Angst um ihr Leben untertauchen mussten. Und über 1400 Christen wurden auf offener Straße oder in ihrem Heim verprügelt.

In keinem anderen Land wird so viel Gewalt gegen Christen registriert, stellt der Weltverfolgungsindex von *Open Doors (OD)* fest. Für den jährlich erscheinenden Index recherchiert die überkonfessionelle Organisation weltweit das Ausmaß antichristlicher Verfolgung. In Sachen Gewalt liegt Pakistan dabei seit Jahren auf Platz eins – vor notorischen Christenverfolgern wie Nordkorea oder dem Iran.

Die christliche Gemeinde in Pakistan ist klein. Nur rund zwei Prozent der Bevölkerung sind Christen. Bei etwa 206 Millionen Einwohnern sind das aber immerhin etwas über 4 Millionen Christen. Damit steht die islamische Republik auf Platz 70 der größten katholischen Länder und sogar auf Rang 47 der größten protestantischen Länder der Welt.

Für die Christin Asia Bibi gibt es kein Zurück. Ob in Übersee oder in Europa – sie muss stets die Rache von Islamisten fürchten. „Extremisten aus Pakistan leben und agieren auch von Europa aus", warnt die *Internationale Gesellschaft für Menschenrechte (IGFM)*. „Nicht nur Asia Bibi wird nirgends mehr sicher sein", ergänzt die pakistanische Menschenrechtsanwältin Aneeqa Maria Anthony. „Auch jeder Familienangehörige, jeder Mensch mit Verbindung zu ihr muss fürchten, getötet zu werden."

Asia Bibi hat überlebt. Der 17-jährige Sharoon Masih dagegen, einziger Christ an der *MC Model High School* im pakistanischen Burewala, wird am 27. August 2017 vom Mitschüler Ahmed Raza totgeprügelt. Er hat aus demselben Glas wie der Muslim getrunken. Raza wird nicht verurteilt. Warum er wegen eines Schlucks Wasser einen Menschen getötet hat, begründete er so: „Der Christ hat mein Wasser verunreinigt."

2

UNREINE CHRISTIN

Unter dem Namen Ittanwali lässt sich mit Google Maps das Dorf im Osten Pakistans nicht finden. In dieser Region in der Provinz Punjab werden die Dörfer nummeriert. Ittanwali ist „Dorf Nummer drei". Eine schmutzige, staubige Fläche inmitten von Weizen- und Zuckerrohrfeldern.

Ittanwali ist ein armes Dorf. Man nutzt den Brunnen, geheizt und gekocht wird mit Holz und getrocknetem Kuhdung. 300 Familien leben hier, ausschließlich Muslime – bis auf eine einzige christliche Familie, in deren Lehmhaus Asia Noreen 1971 das Licht der Welt erblickt. Weltweit bekannt werden wird sie unter dem Namen Asia Bibi, wobei Bibi nur eine Anrede für eine ältere Frau ist.

Ihr genaues Geburtsdatum wird nicht offiziell registriert. Niemand in der Familie kann lesen oder schreiben. Asia Bibis Mutter arbeitet auf den Zuckerrohrfeldern. Die tüchtige Frau ruht sich nie aus, außer nachts, wenn sie mit ihren nunmehr fünf Kindern kuschelt. Keines geht zur Schule. Der Vater meint, dass sie ohnehin Landarbeiter werden und daher keine Bildung brauchen. Die Großmutter passt den ganzen Tag auf Asia Bibi und ihre Brüder und Schwestern auf. Amii nennt sie ihre zweite Mutter, eine Frau mit sonnengegerbter Haut und ständig schmerzendem Rücken. Keiner weiß genau, wie alt sie ist.

Ab dem 5. Lebensjahr schickt sie Asia Bibi los, um Feuerholz zu sammeln. Und als sie sechs wird, bekommt Asia die zusätzliche Aufgabe, Wasser vom Fluss zu holen. Das ist fast immer eine gute Gelegenheit, mit den Nachbarkindern zu spielen und sich mit Wasser zu bespritzen. Als Asia 15 wird, macht sich ihre Andersartigkeit bemerkbar. Ihre muslimischen Freundinnen schließen sie bei vielen Anlässen aus. Und wenn die Freundinnen beim Ramadan fasten müssen, schleicht sich Asia zum Essen und Trinken hinter einen Baum.

Asia, ihre drei Brüder und zwei Schwestern sind glücklich miteinander. Sie sind zwar nicht reich, aber es fehlt ihnen auch an nichts. Sie haben zwei Ziegen und ein Schaf und genug zu essen: *Chappattis* (Fladenbrote), Reis zu jeder Mahlzeit und wenigstens zweimal in der Woche Huhn.

Als Asia 20 Jahre alt ist, fordert ihr Vater sie auf zu heiraten. In Ländern wie Pakistan ist die arrangierte Ehe Alltag. Es ist der Gegenentwurf zu einer „Liebesheirat", hat aber nicht immer mit Zwang zu tun, denn auch eine arrangierte Ehe setzt das Einverständnis beider Partner voraus. Um den passenden Partner zu finden, treffen sich die Eltern des potenziellen Brautpaars gewöhnlich regelmäßig.

Asia Bibis Vater ahnt nicht, dass seine Tochter bereits einen Mann im Auge hat. Er heißt Ashiq Masih, ist Soldat bei der Luftwaffe, Witwer, hat zwei Kinder und ist wie sie Christ. Er kommt oft in ihr Dorf, weil sein Onkel, seine Tante und seine Cousins ganz in der Nähe des Hauses von Asia Bibis Eltern wohnen. Die beiden laufen sich öfter über den Weg, sprechen aber in der Öffentlichkeit nie miteinander – so wie es in der Kultur Pakistans für Unverheiratete üblich ist.

Doch dann kommt der Tag, als Asia Bibi allein zu Hause ist. Sie hatte es abgelehnt, zum Teetrinken bei den Nachbarn mitzugehen. Stattdessen trifft sie auf Ashiq, der ebenfalls zum Tee eingeladen ist, zuvor aber an Asias Tür klopft, um in ihrem Haus seine Uniform gegen normale Kleidung zu tauschen. Asia lässt ihn ein und fragt ihn dann übermütig, ob sie im Gegenzug seine Uniform anprobieren dürfe.

Obwohl es nur ein lustiger Einfall ist, wird Ashiq sofort klar, was das heißt. Die Kleider des anderen zu tragen bedeutet in Pakistan, dass man ihn liebt. Ashiq hat die Botschaft verstanden und taucht bei jeder sich bietenden Gelegenheit in ihrem Haus auf.

Als er dieses Mädchen der Zuckerrohrfelder dann zum ersten Mal umarmt, sagt er ihr, ihre Haut schmecke nach Zucker. Da muss sie schallend lachen, doch ihre Mutter warnt sie, alle Jungs würden das beim ersten Mal sagen.

Asias und Ashiqs Zuneigung zueinander ist groß, und da Asia Bibis Vater mit ihrer Wahl einverstanden ist, wird einen Monat später Hochzeit gefeiert. Pakistanische Hochzeiten dauern oft einen ganzen Monat lang. Das Fest hat einen so hohen Stellenwert im Leben der Familien, dass sie sich dafür häufig hoch verschulden. Selbst arme Familien scheuen sich nicht, Hunderte Menschen zu bewirten – auch wenn sie Schulden in Höhe mehrerer Jahresgehälter aufnehmen müssen.

Asia Bibis Familie ist eine Ausnahme. Sie leistet sich nur eine kleine Feier mit einem Dutzend Gäste – dennoch ist es ein Fest der Freude. Bei der kirchlichen Trauung trägt Asia ein weißes Kleid und Armbänder mit bunten Glasperlen.

Als der Festtag zu Ende geht, beginnt die Hochzeitsnacht. Traditionell verbringen Eheleute diese im Haus der Eltern des Bräutigams. Und obwohl Asia und Ashiq Christen sind, sind sie nicht unbeeinflusst geblieben von den Regeln der konservativen muslimischen Gesellschaft, in der Sexualität ein Tabuthema ist.

Asia hat mitbekommen, dass pakistanische Eltern ihre Kinder in der Regel nicht aufklären. Auch in Schulen wird das Thema zumeist vermieden. In der Provinz Punjab, in der Asia Bibi lebt, hat die Regierung ein Schulbuch für die 6. Klasse verboten, das die menschliche Fortpflanzung erklärt. 12- oder 13-Jährige seien zu jung, um von solch „sensiblen Themen" zu erfahren. Dies könne sie korrumpieren, so der Bildungsminister der Provinz. „Unsere Religion und Kultur erlauben nicht, dass solche Dinge offen unterrichtet werden", meint Minister Rana Mashood Ahmad Khan.

Auch Pläne zur Einführung von Sexualkunde scheitern am Widerstand der Islamisten. Sexualkunde für Kinder sei ein Teil der westlichen Agenda, die Pakistan aufgezwungen werde, wettert der einflussreiche Kleriker Mufti Muneeb-ur-Rehman. „Der Islam erlaubt so etwas nicht. Wir werden es niemals erlauben."

Wo Religion allerdings Menschen zu sehr unterdrückt, suchen sie sich ein Ventil. Laut einer Google-Statistik suchen nirgendwo so viele Menschen nach pornografischen Inhalten im Internet wie in Pakistan. Meist allerdings ohne Erfolg – Tausende solcher Seiten hat die Regierung sperren lassen.

Egal ob Christ oder Muslim: Alle wissen, dass Sex nur innerhalb der Ehe erlaubt ist. Daher heiraten Muslime wie auch Christen vergleichsweise jung. Wer sich einen „Fehltritt" erlaubt, dem bleibt nur der Weg in gewisse Kliniken, die die Jungfräulichkeit wiederherstellen. Diese machen in Pakistan gute Geschäfte ...

So ist in Pakistan im Idealfall die Hochzeitsnacht jener Zeitpunkt, zu dem zwei Menschen sich das erste Mal einander hingeben. Wie das genau auszusehen hat – auch dazu gibt es Meinungen von Religionsgelehrten. Manche meinen, das Brautpaar dürfe beim Sex nicht vollständig nackt sein. Andere halten das für völlig in Ordnung, solange die Partner einander nicht allzu genau angucken.

Für Asia Bibi und ihren Mann gelten diese konservativen Regeln nicht. Doch auch sie sind geprägt von der Kultur des Landes und legen sich daher vorerst nur angezogen aufs Bett. Sie wagen nicht, sich zu berühren. Endlich nimmt Ashiq seinen ganzen Mut zusammen. Unbeholfen küsst er seine Frau auf den Mund und versichert ihr, ihr nicht wehtun zu wollen. Mit einer tiefen Liebe im Herzen erwidert Asia den Kuss und beide werden von ihren Gefühlen überwältigt. Am nächsten Morgen macht ein kleiner Blutfleck auf dem Laken Asia Bibi klar, dass sie nun keine Jungfrau mehr ist ...

Im Laufe der Jahre errichten Asia und Ashiq ein Lehmhaus und bekommen drei Kinder zu den zwei Kindern, die Ashiq in die Ehe mitbrachte. Er lässt sich als Soldat pensionieren und arbeitet von nun an als Landarbeiter auf dem Feld seines Schwiegervaters. Der besitzt zwar keinen eigenen Grund und Boden, kann aber auf einem gepachteten Acker Weizen anbauen. Asias Vater ist zurückhaltend und wenig mitteilsam, doch er liebt es, von seinen Erlebnissen in Afghanistan zu erzählen. Dorthin treibt er jeden Herbst im Auftrag eines reichen Landbesitzers eine kleine Herde von etwa 20 Schafen.

Die meisten Dorfbewohner arbeiten auf dem Gut des muslimischen Landbesitzers Mohammed Idrees. Am 14. Juni 2009 will sich auch Asia zu Erntearbeiten verdingen. 250 Rupien – das ist der Lohn für eine Schüssel voller Falsa-Beeren, eine süßsaure asiatische Frucht. Asia weiß, dass sie für 250 Rupien zwei Kilo Mehl kaufen kann – das würde reichen, um eine Woche lang *Chappattis* für ihre Familie zu backen. Sie weiß genau, was es heißt, als Christin in Pakistan ein Bürger zweiter Klasse zu sein. Froh muss sie sein, wenn sie überhaupt minderwertige Arbeit verrichten darf – und dann meist für weniger Geld als die Muslime um sie herum. So gibt man Asia einfach eine größere Ernteschüssel als den muslimischen Helferinnen …

Die Arbeit ist mühselig. Asia muss sich mit der ungeschützten Hand einen Weg durch die Dornen bahnen und dann die Früchte so behutsam abpflücken, dass sie nicht zerquetscht werden. Bald ist ihre Haut großflächig zerkratzt und ihr Blut mischt sich in der Schüssel mit dem roten Saft der Beeren.

Die Sonne brennt unbarmherzig vom Himmel. Schweiß läuft ihr am ganzen Körper herunter. Ihre Zunge ist trocken und klebt am Gaumen. In einer der wenigen Pausen geht sie zum nahen Brunnen, zieht einen Eimer Wasser nach oben und taucht den Trinkbecher hinein, der auf dem Rand des Brunnes steht.

Nach dem ersten Schluck reicht sie den Becher einer Frau, die neben ihr steht. Was sich daraufhin abspielt, wird Asia Bibi ein Leben lang im Gedächtnis bleiben: In dem Augenblick, in dem die andere Tagelöhnerin nach dem Trinkbecher greift, meldet sich eine andere Frau: „Trink nicht von diesem Wasser, es ist *haram*, unrein."

Die Frau, die das Wort *haram* ausgesprochen hat, heißt Musarat und ist Näherin im Dorf. Sie richtet sich jetzt an alle Pflückerinnen und erklärt, dass die Christin das Wasser des Brunnens verunreinigt habe. Sie habe aus dem Becher getrunken und ihn anschließend mehrmals wieder in das Wasser getaucht. „Jetzt ist das Wasser unrein! Ihretwegen können wir jetzt nichts mehr trinken!"

Asia empfindet diese Anklage „himmelschreiend ungerecht" und beginnt zu diskutieren: „Ich denke, Jesus sieht diese Angelegenheit anders als Mohammed."

Musarat tobt, beschimpft sie als „Miststück" und „verdorbene Christin". Eine weitere Muslima mischt sich ein. Das Wortgefecht eskaliert. Jesus sei unrein, genau wie Asia Bibi, keifen die Frauen. Sie fordern von Asia Bibi, sich zum Islam zu bekennen, um sich von ihrer „schändlichen Religion freizukaufen".

Den Frauen zufolge erwidert Asia Bibi etwas, das in Pakistan das Verbrechen aller Verbrechen ist, die größte aller Beleidigungen: schlecht über den Propheten Mohammed zu sprechen. „Unser Christus ist der wahre Prophet Gottes, nicht euer Mohammed", soll sie gesagt haben. Asia Bibi bestreitet das.

Es bleibt jedenfalls nicht bei Worten. Eine der Frauen schüttet den Inhalt von Asia Bibis Schüssel in ihren eigenen Sammelbehälter. Die Christin wird bespuckt und gestoßen. Sie fällt zu Boden, rappelt sich auf und rennt in panischer Angst davon.

Sie hat das hämische Lachen ihrer Widersacher noch im Ohr, als sie das blaue Gartentor ihres Hauses erreicht. Schluchzend fällt sie ihrem Mann in die Arme und berichtet atemlos, was sich zugetragen hat. Ashiq versucht seine Frau zu beruhigen. Die Geschichte werde bald vergessen sein …

Die Stigmatisierung „unrein" ist ein Erbe des Kastensystems, das viele Christen in Pakistan weiterhin heimsucht. Ursprünglich Hindus aus niedrigen Kasten, sollen die Vorfahren der pakistanischen Christen seit dem späten 19. Jahrhundert zum Christentum konvertiert sein. So gelang es ihnen, sich von der Einordnung ins Kastensystem zu lösen. Sie waren landlose Bauern und abhängig von *Sikhs*, Anhängern der *Sikh*-Religion, die Land besaßen. Nach der Teilung der britisch-indischen Kolonie 1948 in Indien und Pakistan verließen diese *Sikhs* ihren Grundbesitz und gingen nach Indien. Die für sie arbeitenden Christen wurden von der Arbeit auf den Feldern vertrieben und zogen in die Städte. Zwar gibt es in Pakistan offiziell kein Kastensystem, aber in der sozialen Hierarchie stehen die Christen immer noch sehr weit unten. Sie zählen zur ärmsten Bevölkerungsschicht, leben oft in Slums und sind gezwungen, Arbeitsplätze anzunehmen, die einen geringen Status haben, wie zum Beispiel Reinigungstätigkeiten. Eine Studie zeigt, dass Christen in Pakistan zwar nur rund zwei Prozent der Bevölkerung ausmachen, jedoch über achtzig Prozent der Straßen- und Abwasserkanal-Reiniger. Viele dieser Arbeiter erhalten keine Arbeitskleidung oder Schutzausrüstung.

Die Folgen sind oftmals verheerend. So stiegen beispielsweise am 23. Mai 2018 zwei christliche Kanalarbeiter aus Chichawatni ohne Schutzbekleidung in einen verstopften Abwasserkanal in einem der vernachlässigsten Distrikte der Punjab-Provinz. Der 19-jährige Saqib Masih kletterte zuerst hinunter, um ein verstopftes Abwasserrohr zu öffnen. Giftige

Gase strömten aus und Saquib wurde nach nur kurzer Zeit ohnmächtig. Sein Kollege, der 45-jährige Mushtaq Masih Mushtaq, versuchte ihm zu Hilfe zu eilen. Doch auch er wurde Opfer der todbringenden Gase. „Wir riefen einen Rettungswagen, aber keiner erschien", berichtete ein christlicher Stadtrat, der zufällig vorbeikam. „Ein anderer Christ schützte seine Atemwege mit einem wassergetränkten Taschentuch, stieg hinab und barg die beiden Männer", sagte der Politiker dem Newsportal *World Watch Monitor*. „Wir brachten sie sofort ins Krankenhaus, aber sie konnten nur noch für tot erklärt werden."

3

AKTENZEICHEN 326/2009

Es ist gegen halb sechs Uhr in der Frühe. Asia erwacht schweißgebadet. Der Aufruf des Muezzin zum Gebet erschallt – immer gleich: zuerst viermal *Allahu akbar* (Allah ist groß), dann einmal das Bekenntnis *Aschhadu an la ilaha illa-Llah* (Ich bezeuge, dass es keinen Gott gibt außer Allah). Anschließend erfolgt das Zeugnis *Aschhadu anna Muhammad rasulu Llah* (Ich bezeuge, dass Mohammed Gottes Gesandter ist) sowie die zweimaligen Aufforderungen *Hayya ala s-salat* (Auf zum Gebet!) und *Hayya ala l-falah* (Auf zum Erfolg!).

Der Aufruf endet mit einem doppelten *Allahu akbar* und erneuten *La ilaha illa-Llah*. Zum Frühgebet fügt der Muezzin noch hinzu: „Das Gebet ist besser als der Schlaf!"

Auch wenn Asia Bibi Christin ist, so mag sie es doch, fünfmal täglich den Aufruf zum Gebet zu hören. Sie weiß dann, wann es an der Zeit ist, nach Hause zu gehen, um das Essen vorzubereiten, oder wann sie ihre Kinder von der Schule abholen muss. Wenn sie durchs Dorf geht, überprüft sie stets den Sitz ihres *dupatta*, ihres Schleiers, damit ihre Haare bedeckt sind, um kein Aufsehen zu erregen. Auch hängt in ihrem Haus kein Kreuz; nur eine kleine Bibel hat sie unter der Matratze versteckt. Auch wenn sie die Heilige Schrift nicht lesen kann, so spendet ihr der Besitz der Bibel doch Trost.

An diesem Morgen blättert sie mit leerem Blick in der Heiligen Schrift. Ihr Herz ist voller Traurigkeit und sie hat Angst. Ihrem Mann gelingt es nicht, sie aufzumuntern. Fünf Tage lang wagt sie nicht, das Haus zu verlassen. Erst am 19. Juni 2009 macht sie sich erneut auf den Weg zum Feld. Diesmal nimmt sie eine Wasserflasche mit, um nicht aus dem Brunnen trinken zu müssen. Zunächst scheint alles so zu sein wie immer. Die anderen Frauen beachten sie kaum, während sie Beeren pflückt. Doch mit einem Mal tauchen in einiger Entfernung Dutzende von Männer und Frauen auf. Schreiend und gestikulierend nähern sie sich.

„Dann traf mein Blick auf den meiner nachtragenden Nachbarin Musarat", erinnert sich Asia Bibi. „Sie brachte ihre Abscheu mir gegenüber deutlich zum Ausdruck. Ich spürte, dass sie von Rache erfüllt war."

Die aufgebrachte Menge schleppt sie ins Dorf. „Du hast unseren Propheten beleidigt, dafür sollst du verrecken!", schreit der Mob. „Tod der Christin, Tod der Christin!"

Männer packen Asia Bibi. Sie fleht, man möge sie in Frieden lassen, da sie nichts Böses getan habe. Aber da prasseln schon die Schläge auf ihre Beine, ihren Rücken, ihren Kopf.

Im Dorf hat sich bereits eine größere Menschenmenge um das Haus des Dorfchefs versammelt. Dort wirft man Asia auf den Boden. Man droht, ihr Gesicht schwarz anzumalen und sie auf einem Esel durch die Straßen zu führen. Da baut sich der *Qārī* Muhammad Sallam, der 30-jährige sunnitische Dorfmullah, vor ihr auf. Sie könne die Beleidigung des Propheten entweder dadurch wiedergutmachen, dass sie zum Islam konvertiere – oder sie würde getötet werden.

Drei Mal fordert der Mullah sie auf zu konvertieren. Drei Mal verweigert Asia Bibi das und wird dafür vom Mob schlimm verprügelt. Sie ist fast ohnmächtig vor Schmerzen, als die Polizei kommt, sie abführt und im Transporter nach Nankana Sahib bringt, dem Sitz der gleichnamigen Distriktverwaltung.

„Zu ihrer eigenen Sicherheit", wie es zunächst heißt.

Ihre Familie muss dem Treiben tatenlos zusehen. Ihr Vater ist zu alt, zu schwach, um sich gegen die Verhaftung seiner Tochter zur Wehr zu setzen.

„Bei Asia Bibis Verhaftung habe ich schnell begriffen, dass das Ganze eine Nummer zu groß wird für uns, dass Widerstand zwecklos ist", sagt ihr Vater einem Investigativ-Reporter, der den inzwischen 90-Jährigen aufgespürt hat. „Meine Söhne wollten sich noch gegen die Verhaftung wehren, haben herumgeschrien und wollten um ihre Schwester kämpfen. Aber ich habe sie gewarnt, sie seien zu schwach, um sich gegen die Polizei und die Politiker zu wehren. Ich habe meine Kinder genommen und bin aus meinem Heimatdorf geflüchtet, ohne dass irgendjemand etwas davon mitbekam. Seitdem leben wir versteckt und in ständiger Angst vor einer Verhaftung."

Asia Bibis Mutter trifft die Verhaftung besonders schwer. Sie ist krank, halb blind und gebrechlich. Vor vielen Jahren hat sie einen Arm verloren.

„Als sie Asia Bibi wegbrachten, weinte meine Frau nur noch", so ihr Mann. „Bald darauf starb sie vor Kummer."

Im Kommissariat sitzt Asia Bibi blutüberströmt auf einer Bank und bettelt um ein Glas Wasser. Minuten später kommt der Mullah mit Asia Bibis Nachbarin Musarat und weiteren Frauen hinzu. Wortreich erklären sie dem Polizeichef, dass Asia Bibi den Propheten beleidigt habe. Die Christin beteuert abermals ihre Unschuld. Doch die aufgeheizte Stimmung lässt die Polizei die Blasphemie-Anklage ohne eine genaue Voruntersuchung aufnehmen.

Es habe da „einen gewissen Druck" seitens der Mullahs gegeben, den Fall zur Anklage zu bringen, räumen die Beamten später ein. Ohne viel Federlesen wird die Anzeige niedergeschrieben und unter dem Aktenzeichen 326/2009 abgelegt.

Asia Bibi wird in einen Polizeitransporter gestoßen und an den Scharnieren einer Pritsche festgekettet. Gut eine Stunde dauert die Fahrt von der Polizeistation in Nankana Sahib nach Sheikhupura, der nächsten großen Stadt vor den Toren der Millionenmetropole Lahore. Asia bricht unterwegs zusammen, wird ohnmächtig und erlangt erst wieder das Bewusstsein in einem dunklen Loch – ihrer Zelle im District-Gefängnis.

Ohne Besuch, ohne Erklärung wird sie einen Monat lang festgehalten. Am 14. Oktober bringt man sie ins Gericht von Sheikhupura. Bei dieser Anhörung sieht sie ihren Mann Ashiq und ihre fünf Kinder erstmals wieder, jedoch nur für 15 Minuten.

Beobachtern zufolge kommt es zu herzzerreißenden Szenen. Die Mädchen klammern sich an ihre Mutter und weinen bitterlich. Immer wieder fragen sie, warum sie so lange verschwunden sei – und wann sie wieder nach Hause komme.

Asia Bibi kann ihre Tränen kaum zurückhalten. Tapfer erklärt sie, es gehe ihr gut, die Angehörigen sollen sich keine Sorgen machen. Nur eine Bitte habe sie. Man möge dafür sorgen, dass sie bald aus der Haft entlassen würde.

Doch aus der Freilassung wird nichts. Asia Bibi muss weiterhin im Gefängnis bleiben. Mehrere Anhörungen werden anberaumt, jedoch auf Druck von Islamisten immer wieder vertagt.

Asia erfährt, dass Ashiq und die Kinder Ittanwali – seit Generationen die einzige Heimat der Familie – für immer verlassen haben. Auch sie wurden so sehr bedroht, dass sie um ihr Leben fürchten und sich verstecken wollen.

Dass ein an den Haaren herbeigezogener Blasphemie-Vorwurf nicht nur eine einzelne Person, sondern auch die gesamte Familie oder sogar ein ganzes Dorf treffen kann, konnte man einige Tage nach Asia Bibis Inhaftierung miterleben. An diesem Tag kam es zu einer der blutigsten Attacken gegen Christen, die Pakistan je erlebt hat – und das alles nur wegen ein bisschen Konfetti!

30. Juli 2009: In einem Dorf nahe der Ortschaft Gojra, rund 60 Kilometer von Faisalabad entfernt, wird Hochzeit gefeiert. Mit Trommeln begrüßt die christliche Festgemeinde den Bräutigam vor dem Haus der Braut. Nach altem Brauch werden Zeitungen und alte Bücher zerrissen, um daraus Konfetti zu machen. Ein Muslim wird später berichten, dass er unter dem Altpapier auch Buchseiten gesehen hat, auf denen Koranverse standen. Das Unheil nimmt seinen Lauf.

Der Mullah informiert durch die Lautsprecher der Moschee: „Der Heilige Koran wurde geschändet!" Und er fordert eindringlich: „Tut etwas, ihr gläubigen Männer!"

Das lassen sich einige Muslime nicht zweimal sagen und ziehen randalierend durch die Straßen. Sie rauben rund 80 Häuser und zwei protestantische Kirchen aus; schleppen Kühlschränke davon und zerstören sakrale Gegenstände. Dann setzen sie die Gebäude in Brand.

Am nächsten Tag springt die Empörung auf das nahe Gojra über, obwohl dort gar nichts vorgefallen ist. Über 3.000 aufgehetzte muslimische Fanatiker ziehen mit Stöcken und Schusswaffen bewaffnet durch das christliche Viertel. Diesmal raubt der Mob 105 christliche Häuser aus und zündet sie an. Acht Personen, darunter zwei Kinder, kommen in den Flammen ums Leben.

Hinter den Angriffen, so Bischof Joseph Coutts von Faisalabad, steckten Mitglieder der militanten religiösen Organisationen *Sipah-e-Sahaba* und *International Khatm-e-Nabuwat*, die Pakistan von Christen „säubern" wollen.

„Dass die Lage zurzeit ruhig ist und es nicht zu weiteren Übergriffen gekommen ist, ist auch der starken Polizeipräsenz zu verdanken", schrieb *Kirche in Not*-Autorin Eva-Maria Kolmann bei einem Besuch 2012. „Das Pfarrhaus, die Kirche und das Schwesternkloster stehen noch immer unter Polizeischutz. Schwester Sheila kann das Haus nur mit einem bewaffneten Leibwächter verlassen. Wohin auch immer sie geht, ihr ‚Schutzengel' muss sie begleiten. Es ist ein befremdlicher Anblick, die zierliche ältere Ordensfrau neben einem Mann mit Maschinenpistole zu sehen."

„Obwohl die Verantwortlichen der Verbrechen den Behörden bekannt sind, bleiben sie straflos, da die Provinzregierung die Hetze extremistischer Muslime deckt", kritisierte Asien-Referent Ulrich Delius von der *Gesellschaft für bedrohte Völker* (*GfbV*).

Der Bericht des Untersuchungsausschusses durch Richter Iqbal Hameed-ur-Rehman blieb seitens der Regierung ohne Konsequenzen. Stattdessen wurden zwei Christen wegen „Aufruhr mit tödlichen Waffen und Verbreitung von Schrecken durch Schüsse" verhaftet. Der 32-jährige Naveed Masih und sein 25-jähriger Bruder Nauman Masih gewährten während der Ausschreitungen 300 Frauen, Kindern und alten Leuten Zuflucht. Naveed und Nauman wurde anschließend vorgeworfen, von einem Hausdach aus Warnschüsse in die Luft abgefeuert zu haben, um die Menge zu zerstreuen. Die Brüder bestritten den Schusswaffengebrauch. Ins Gefängnis mussten sie trotzdem.

4

TODESSTRAFE

In einem wackeligen Handy-Video knabbert eine junge Frau nervös an ihrem Zeigefinger und schluchzt: „Immer wenn ich an meine Mutter denke, muss ich weinen. Ich möchte meine Mutter zurück. Dafür bete ich jeden Tag."

Das Video, veröffentlicht von der Hilfsorganisation *Kirche in Not*, zeigt Asia Bibis Tochter Esham. Die 18-Jährige sehnt sich nach Asia Bibi, die mittlerweile seit fast 15 Monaten im Kerker sitzt.

Asia selbst kann auch nur mutmaßen, wie es für sie weitergeht. Eines Tages wird die doppelt gesicherte Tür außerhalb der üblichen Hofgang-Zeit geöffnet und ein Wärter führt die Gefangene ins Büro des Gefängnisdirektors. Dort erwartet sie Staatsanwalt Muhammad Amin Bokhari. Er will sie verhören.

Ungläubig starrt er Asia Bibi an, als sie ihm von einer Ziege erzählt, mit der ihr Elend begann ...

Eines Tages, so Asia Bibi, sei ihre Ziege ausgerissen und habe aus dem Futtertrog der Nachbarin Musarat gefressen;

jener Frau, die Asia Bibi nun der Gotteslästerung bezichtigt. Das Tier stieg dabei in den altersschwachen Trog, der daraufhin zusammenbrach.

Statt die Angelegenheit im Gespräch zu klären, beginnt Musarat zu zetern und droht Asia, man werde es der Christin heimzahlen. Asia kann die Streitigkeit auch lange nach dem Vorfall nicht klären.

Lieferte dieses Ereignis den Vorwand für die Bösartigkeiten, die auf dem Feld folgten? Hegte die Nachbarin den Wunsch nach tödlicher Vergeltung? Asia kann es nicht genau sagen.

Der Staatsanwalt will wissen, ob Asia Bibi den fatalen Satz wirklich gesagt hat: „Unser Christus ist der wahre Prophet Gottes, nicht euer Mohammed." Sie bestreitet es, während die anderen Frauen behaupten, es so gehört zu haben. Asia versichert, dass sie den Islam immer respektiert und niemanden beleidigt habe. Der Staatsanwalt notiert alles akribisch genau. Zum Abschied sagt er: „Es war gut, dass Sie mir alles erzählt haben. Jetzt ist es an Gott zu entscheiden."

So beruhigend sich das auch zuerst anhört – in Wahrheit sorgt die Bewegung *Khatm-e-Nubuwwat* (Siegel der Propheten) dafür, dass in solchen Fällen kaum ein Angeklagter unbestraft davonkommt. Diese Allianz reaktionärer Juristen vertritt die Kläger in Blasphemie-Fällen kostenlos. In der Provinz Punjab, aus der Asia Bibi stammt, gehören rund 700 Anwälte der Allianz an – sie ist an fast allen Blasphemieanklagen beteiligt, auch am Fall „Asia Bibi".

„Die Leute von der Anwaltsallianz wissen, wie man Druck auf die Richter ausübt", sagt Tahir Naveed, der Vorsitzende der *Pakistan Minorities Alliance*, der regelmäßig Blasphemieprozessen beiwohnt. „Sie kommen in Begleitung von Mullahs, die während der Verhandlung den Koran rezitieren und die Stimmung anheizen."

Es gehört viel Mut dazu, Stellung gegen diese Art der religiösen Hetze zu beziehen. Anwälte der Verteidigung werden immer wieder bedroht. Auch die Anwältin und Menschenrechtlerin Maria Anthony bekommt das zu spüren: „Meine Familie und ich leiden viel unter Drohungen und darunter, uns monatelang verstecken zu müssen und in unseren Aktivitäten eingeschränkt zu sein. Die Drohungen richten sich sogar gegen meine Kinder."

Die Christin Anthony entkommt 2009 selbst nur durch ihre Flucht nach Deutschland einer Anklage. Nach ihrer Rückkehr gründet sie in Lahore *The Voice Society*, eine Organisation, die Blasphemie-Opfern rechtlichen Beistand leistet.

Einer ihrer Mitarbeiter begleitet Asia Bibis Schwester Najma und ihren Schwager Georg, als sie am 8. November 2010 nach Sheikhupura reisen. An diesem Tag soll das Urteil gegen Asia verkündet werden. Aber man lässt die Angehörigen nicht in den Gerichtssaal. „Weil wir keine Personalausweise haben", sagen sie dem *Spiegel*-Korrespondenten Hasnain Kazim. „Doch wir sind arme Leute, wir hatten noch nie irgendwelche Papiere."

Drinnen im Saal beginnt eine bizarre Verhandlung. Bizarr, weil im Falle des Vorwurfs der Gotteslästerung allein die Wiederholung oder Verlesung der gotteslästerlichen Äußerungen auch der Blasphemie gleichkommt. Damit werden Beweisaufnahme und Kreuzverhöre für den Anwalt der Verteidigung unmöglich. Es kann nicht ermittelt werden, was sich tatsächlich abgespielt hat und ob die Anschuldigungen gemäß des Artikel 295 C des Blasphemie-Gesetzes gerechtfertigt sind.

Artikel 295 C dient dem Schutz des islamischen Glaubens und besagt: „Wer durch Worte, gesprochene oder geschriebene, durch bildhafte Darstellungen oder irgendwelche Behauptungen, implizite Äußerungen oder Seitenhiebe, direkt oder indirekt, den heiligen Namen des Heiligen Propheten Mohammed (Friede sei mit Ihm) entweiht, wird mit dem Tod oder lebenslanger Haft bestraft und kann zudem zu einer Buße verpflichtet werden."

Richter Naveed Iqbal spricht nach nur fünf Minuten Beratung das vernichtende Urteil: „Asia Noreen Bibi, kraft Artikel 295 C des pakistanischen Gesetzbuchs verurteilt das Gericht Sie zur Todesstrafe durch Erhängen und zu einer Geldstrafe von 300 000 Rupien."

Neben der Todesstrafe ist selbst die Geldbuße für Asia Bibi unglaublich: 300 000 Rupien – das sind anderthalb durchschnittliche Jahresgehälter. So gut wie unmöglich für Asia, diese aufzubringen. Doch von Nachsicht oder Mitleid fehlt hier jede Spur. In seinem Urteil schließt der Richter „gänzlich" aus, dass die Angeklagte zu Unrecht beschuldigt wurde. Es hätten keine „mildernden Umstände" geltend gemacht werden können. Donnernd lässt er den Richterhammer niedersausen.

Seine Worte sind noch nicht verklungen, da schallt es von den mit religiösen Eiferern gefüllten Zuschauerbänken: „Tötet sie! Tötet sie! Gott ist der Größte. Vergeltung für den Heiligen Propheten."

Unverhohlene Freude ist in den Gesichtern der Mullahs zu erkennen. Einer von ihnen, Ankläger Mullah Qari Salim, diktiert anwesenden *BBC*-Reportern in den Block: „Das Todesurteil zu hören, war einer der glücklichsten Momente in meinen Leben. Freudentränen liefen mir über die Wangen."

Was für ein Gegensatz zu den Tränen von Asia Bibis Tochter: „Wenn ich meine Mutter endlich wiedersehe, dann werde ich sie ganz, ganz fest in den Arm nehmen, und wir werden sicherlich lange miteinander weinen."

5

DER LETZTE WILLE

Vor den Toren der Industriestadt Sheikhupura erhebt sich ein düsterer Bau: das Hochsicherheitsgefängnis Sheikhupura – eine der berüchtigtsten Haftanstalten des Landes.

Hinter hohen roten Ziegelmauern, Türmen und starkstromgeladenem Stacheldraht vegetieren in den für ursprünglich 500 Häftlinge gebauten Trakten über 2500 Insassen: Mörder, Drogenabhängige, Diebe, Vergewaltiger, Entführer und andere Kriminelle.

Mit ihnen lebt Asia Bibi nun unter einem Dach – in einer drei Meter langen, 2,4 Meter breiten Zelle. Bei Regen tropft es hinein. Dann muss sie in ihren Plastiksandalen durch den Schlamm waten.

Die miserablen Haftbedingungen sind für Christen besonders schlimm. Werden sie schon im „normalen Leben" übervorteilt und unterdrückt, so ist ihre Lage im Gefängnis noch prekärer.

Häufig werden sie von Wärtern und Mithäftlingen bedroht und bei der Verteilung von Medikamenten, Lebensmitteln oder Kleidung benachteiligt. Zudem sind die meisten Christen so arm, dass sie wie Asia Bibi sich die ihnen auferlegte Geldbuße nicht leisten können. So bleiben sie selbst dann noch in Haft, wenn sie eigentlich längst wieder entlassen sein könnten. Auch Besuch können sie nicht empfangen, denn dafür benötigt es die Gunst der Wärter – die sich aber nur die gut situierten, meist muslimischen Mithäftlinge „leisten" können.

Die Zustände in dem 1922 errichteten Gemäuer sind allein schon hygienisch derart katastrophal, dass eigentlich bereits einige Jahre in einer Todeszelle gleichbedeutend mit einem Todesurteil sind. Viele Toiletten sind verstopft, der Geruch von Exkrementen macht das Atmen schwer. Waschgelegenheiten sind rar.

Choudry Bashir Ahmad ist Rechtsanwalt der *Human-Rights-Society* – neben der *Human-Rights-Commission* die einzige Menschenrechtsorganisation, die regelmäßig Zutritt zu den Strafanstalten in der Provinz Punjab erhält. Dort, wo die meisten Christen Pakistans wohnen. Die Unterbringung, so Choudry Bashir im *Deutschlandfunk*, sei das Hauptproblem. Er hält die Überbelegung „für eine besonders pervertierte Form von Folter mit schwerwiegenden Folgen: Amöbenruhr, Durchfall und Hepatitis sind Dauergast in pakistanischen Gefängnissen."

Immer wieder sterben Häftlinge an Krankheiten – oder auch an Folter. Zwar hat Pakistan sowohl die *UN*-Konvention gegen Folter als auch die internationale Vereinbarung über bürgerliche und politische Rechte von 1966 unterzeichnet. Und in Paragraf 14 der Landesverfassung heißt es auch: „Niemand darf gefoltert werden oder einer unmenschlichen und erniedrigenden Behandlung unterzogen werden." Doch für Häftlinge in pakistanischen Gefängnissen scheint dieses Verbot nicht zu gelten.

Die angesehene pakistanische Menschenrechtsaktivistin Sherry Rehman berichtet, überall würden Gefangene misshandelt, sobald sich die Gefängnistore hinter ihnen schließen. Die fehlende Klagemöglichkeit der Opfer oder ihrer Angehörigen ist ihrer Meinung nach einer der Hauptgründe für die Zustände in den Gefängnissen. Das alarmiert Menschenrechtsorganisationen wie *Amnesty International (AI)*. Der Organisation zufolge gehört Folter praktisch zum Alltag. Die *Human-Rights-Commission* bekräftigt, dass auch Prügelstrafe und Mord an der Tagesordnung sind.

Das Ausreißen von Fingernägeln und Stockschläge auf die Fußsohlen oder auf nackte, an den Füßen aufgehängte Häftlinge gehören laut glaubhafter Berichte bei Gefängniswärtern zum gängigen Folterrepertoire.

Der britische Staatsbürger Mirza Tahir Hussain verbrachte 20 Jahre in der Todeszelle, bevor das Todesurteil in lebenslängliche Haft umgewandelt wurde. Er berichtete dem Nachrichtenportal *Interpress Service (IPS)* von „Panja" und „Jahaz", zwei besonders beliebten Foltermethoden. Bei „Panja" wird das Opfer an beiden Armen festgehalten und bis zur Bewusstlosigkeit auf Kopf und Nacken geschlagen. Bei „Jahaz" muss sich der Häftling mit dem

Gesicht nach unten auf den Boden legen, wird von vier Wärtern hochgehoben und mit einer Art Ledergürtel durchgeprügelt.

Doch damit nicht genug! Laut Hussain hatte man Häftlinge, die durch Misshandlungen schwere Nierenschäden erlitten hatten, zunächst geschlagen, nackt ausgezogen und ihre unteren Körperöffnungen mit Klebeband verschlossen, so dass sie nicht urinieren konnten. Anschließend flößte man jedem der Gequälten gewaltsam vier Liter Wasser ein und spritzte ihnen zusätzlich ein Entwässerungsmittel. Erst nach Stunden wurden die Fesseln entfernt.

Doch anscheinend trifft es immer die Kleinen. Denn „die Mächtigen unter den Kriminellen", so die *International Crisis Group (ICG)*, „führen ihre Aktivitäten hinter Gittern weiter."

Sie lassen im Gefängnis oder draußen Menschen ermorden und Geld in die Haftanstalt schaffen. Oft steckt dahinter Vergeltung nach gleichem Maß.

Das Verständnis von Vergebung ist in der islamischen Kultur völlig anders ist als im Christentum. Dies gilt auch für die Praxis des sogenannten Blutgeldes, der *Diya*: eine nach islamischen Recht (dem *Fiqh*) mögliche Ausgleichszahlung. Sie wird im Falle einer Schädigung von Leib oder Leben einer Person an die Opferfamilie oder -sippe gezahlt. Hierbei ist es unerheblich, ob die Schädigung vorsätzlich erfolgt ist oder nicht.

„Jedes Jahr setzt die pakistanische Regierung die Höhe

des „Blutgeldes" neu fest", erklärt Khurram Shahzad Maan, Direktor einer pakistanischen Hilfsorganisation, die mit dem *European Centre for Law and Justice* verbunden ist. „Dieses Jahr beträgt die *Diya* 1.935.594 Rupies, umgerechnet 17 000 Dollar."

Mit dieser Summe kann gemäß Artikel 319 des pakistanischen Gesetzbuchs sogar die Tötung eines Menschen gesühnt werden, wenn sie „versehentlich" begangen wurde, eine sogenannte *qatl-i-khata* war.

Bei Blasphemie hingegen ist die *Diya* ausgeschlossen. Die Beleidigung des Propheten wird als Sünde gewertet, die nicht vergeben werden kann. Die Theologen berufen sich dabei auf den muslimischen Rechtsgelehrten Ibn Taymiya (1263–1328). Er legte fest, dass sowohl Muslime als auch Nichtmuslime für die Beleidigung des Propheten getötet werden müssen, selbst dann, wenn sie Reue zeigen.

Asia Bibi weiß, dass Blasphemie eine sehr schlimme Anklage ist. Am Nachmittag nach dem Urteilsspruch kauert sie auf ihrer geflochtenen Bettstatt, betet inbrünstig und fleht um Kraft. „Behüte und beschütze meine Kinder und meine Familie. Segne uns und begleite uns, bis wir uns im Himmel bei Dir wiedertreffen. Amen."

Nur allzu gerne würde sie ihrer Familie schreiben, doch Asia ist Analphabetin. Deshalb verfasst sie ihre mutmaßlich letzten Zeilen an ihre Kinder und ihren Mann vorerst nur in Gedanken. Der Brief ist gleichsam ihr letzter Wille und wird einige Zeit später von ihrem Anwalt für sie niedergeschrieben. Ihre Gedanken drehen sich nicht um ihr eigenes Los, sondern um ihren Mann und ihre geliebten Kinder, denen „jetzt eine schwierige Zeit" bevorstehe.

Am Morgen, an dem sie zum Tode verurteilt wurde, habe sie geweint. Aber in ihrem tiefsten Inneren sei sie nicht überrascht gewesen, denn sie habe „weder Gnade noch Mut vonseiten der Richter erwartet". Sie zeigt Verständnis dafür, dass diese dem „Druck des Mullahs und des religiösen Fanatismus ausgesetzt waren".

Asia Bibi macht sich Vorwürfe, ihre Familie alleingelassen zu haben. Imran, ihrem erwachsenen Sohn, wünscht sie eine „gute Ehefrau". Diese soll ihn so glücklich machen, wie ihr Mann sie glücklich gemacht hat.

Ihre verheiratete Tochter Nasima bittet sie, künftige Kinder „in christlicher Nächstenliebe" zu erziehen. Und ihrer behinderten Tochter Sidra – ein „Geschenk Gottes" – versichert sie, im Herzen ihrer Mutter gegenwärtig zu sein.

Besonders stolz ist Asia Bibi auf ihre Tochter Esham. Obwohl sie die Jüngste ist, kümmert sie sich bereits um den Haushalt und nimmt sich ihrer großen Schwester Sidra an, die Hilfe braucht. Asia macht sich Vorwürfe, ihr das Leben einer Erwachsenen auferlegt zu haben.

Für ihre Tochter Esha erhofft sie sich eine gute Schulausbildung. Allen Kindern wünscht sie Mut, sich „gegen die Ungerechtigkeit der Menschen verteidigen zu können", und bittet sie, „den Glauben an Jesus Christus nicht zu verlieren". Sie möchte ihnen Hoffnung schenken: „Wenn ich in den Armen des Herrn bin, werde ich weiterhin über euch wachen." Dann ermahnt sie die Kinder, „vorsichtig zu sein und nichts zu tun, was die Muslime oder die Regeln dieses Landes verletzen könnte".

Von ihrem Mann Ashiq, mit dem sie seit 22 Jahren verheiratet ist, erhofft sie, dass er „den Mut und den Stolz unserer Familie" bewahre. „Wir sind Christen und arm, aber unsere Familie ist hell und strahlend wie die Sonne."

Asia schließt mit dem Hinweis, dass sie zwar noch nicht wisse, wann sie gehängt werde, aber sie werde sich „mit erhobenen Hauptes dorthin begeben", denn sie vertraue darauf, in Begleitung ihres Herrn zu sein und von ihm willkommen geheißen zu werden.

Ashiq und ihre geliebten Kinder werde sie zwar für immer verlassen, aber bei ihnen sein „bis in alle Ewigkeit".

6

MORD AN ASIA BIBIS FÜRSPRECHERN

Islamabads luxuriöse Shoppingmall Khosar ist bei wohlhabenden Pakistanern beliebt. Auch Salman Taseer schlendert gerne durch die Ladenzeile mit Restaurants, Cafés, Boutiquen und Lebensmittelläden. Am Mittag des 4. Januar 2011 verlässt er das Café Mocca, um nach Hause in seine Villa im Nordosten der pakistanischen Hauptstadt zu fahren. Er will gerade in seinen schwarzen Toyota einsteigen, da löst sich ein stämmiger Mann aus der Gruppe seiner Leibwächter.

Mumtaz Hussain Qadri, Mitglied der Polizeieinheit *Punjab Elite Force*, feuert 27 Kugeln aus seiner Maschinenpistole ab. Der 26. Gouverneur der Provinz Punjab ist sofort tot. Der Attentäter lässt die Waffe fallen, hebt die Hände und lässt sich festnehmen.

Als die Handschellen klicken, lächelt Qadri mit dem ruhigen Ausdruck eines Mannes, der sich einer höheren Belohnung sicher ist.

Dass er so viele Kugeln abfeuern konnte, ohne dass einer der anderen Polizisten einschritt, lässt manche an eine Verschwörung glauben; zumal der Todesschütze einigen Kollegen von seiner Absicht erzählt und darum gebeten hat, lebend festgenommen zu werden.

Der ermordete Salman Taseer war ein Muslim – ein liberaler, den westlichen Lebensstil pflegender Muslim. Er wagte es, die Blasphemie-Gesetze „schwarze Gesetze" zu nennen. Zum Verhängnis aber wurde ihm, dass er sich für die wegen Blasphemie zum Tode verurteilte Asia Bibi einsetzte, sie im Gefängnis besuchte und sich für ihre Freilassung aussprach.

Für islamistische Fanatiker wie den Bodyguard ist jeder, der die Blasphemie-Gesetze kritisiert, ein Gotteslästerer. Deshalb betrachtet sich der Todesschütze als Vollstrecker des „Willens Gottes". Als er dem Haftrichter vorgeführt wird, werfen Anwälte Rosenblätter auf ihn und reißen sich darum, ihn – kostenlos – verteidigen zu dürfen.

Farahnaz Isphahani, eine Freundin des toten Taseer, trauert über einen der wichtigsten Vertreter des moderaten Flügels in der Regierungspartei des Präsidenten Asif Ali Zardari. „Wir werden diese mutige Stimme für die Rechte religiöser Minderheiten vermissen!"

„Keine Frau sollte sterben müssen für das, was sie sagt oder denkt", hatte der 64-jährige Politiker im Fernsehen erklärt und nach seinem Besuch bei Asia Bibi Präsident Zardari in einer formellen Petition um Begnadigung ersucht.

Das Engagement blieb unter den konservativ-religiösen Gruppierungen nicht unbemerkt. Ab Dezember 2010 mobilisierten mehrere religiöse Parteien die Bevölkerung – und fanden Millionen von Anhängern. Obwohl verschiedene Regierungssprecher sofort versicherten, dass es nicht zu einer Revision der Blasphemie-Gesetze kommen würde, riefen religiöse Gruppen zu landesweiten Streiks und Demonstrationen gegen eine Gesetzesänderung auf. Sie propagierten die existierende Gesetzgebung als „von Gott gegeben" und „unantastbar".

Die Pakistan-Experten Martin Axmann und Sarah Holz von der *CSU*-nahen *Hanns Seidel Stiftung* erklärten in dieser Zeit: „Es gelingt radikalen Kräften, den Diskurs auf die Frage zu konzentrieren, ob die ‚gottgegebenen' Blasphemie-Gesetze von Menschenhand überhaupt geändert werden dürfen, wobei ‚Änderung' und ‚Abschaffung' gleichgesetzt werden. Der ursprüngliche Vorschlag von Taseer, das Gesetz dahingehend zu ändern, dass Missbrauch verhindert wird, wird ignoriert oder dämonisiert. Eine inhaltliche Diskussion über Missbrauchsfälle und das moralische Verbot zu töten kommt nicht zustande. Stattdessen wird das Thema Blasphemie zu einer grundsätzlichen Glaubensfrage stilisiert und eine groteske Debatte über ‚gute' und ‚schlechte' Muslime geführt."

Taseer setzte sich trotz der Proteste weiter öffentlich für Asia Bibi ein. Zum Jahresanfang twitterte er: „Ich war unter riesigem Druck, in der Blasphemie-Geschichte in die Knie zu gehen. Abgelehnt. Und wenn ich der Letzte bin, der aufrecht steht."

Bereits seit Beginn seiner politischen Karriere gegen Ende der 1960er-Jahre hatte Taseer sich immer unerschrocken gezeigt. Als Student schloss er sich der *Pakistanischen Volkspartei (PPP)* des späteren Staatspräsidenten Zulfikar Ali Bhutto an.

Bhutto wurde wegen angeblicher Anstiftung zum Mord an einem Oppositionspolitiker zum Tode verurteilt und am 4. April 1979 trotz internationaler Proteste in Rawalpindi gehängt. Sein Nachfolger, General Zia-ul-Haq, ließ Taseer ins Gefängnis werfen, wo er sechs Monate und drei Wochen in Einzelhaft darben musste. Niemand durfte ihn besuchen, er erhielt weder Bücher noch Zeitschriften und wog 20 Kilo weniger, als er schließlich das Gefängnis in Lahore verlassen durfte. Insgesamt 16-mal wurde der „liberale Extremist", wie viele ihn nannten, im Laufe der nächsten Jahre eingesperrt.

Als Zardari im Jahr 2008 Präsident Pakistans wurde, gelang Taseer ein Comeback – als Politiker und Unternehmer. Er gründete den englischsprachigen Nachrichtensender *Business Plus* und Pakistans ersten Kindersender *Wikkid Plus*. Zudem wurde er Herausgeber der liberalen englischsprachigen Tageszeitung *Daily Times*. Taseer sorgte dafür, dass regelmäßig über die Themen Minderheiten und Menschenrechte berichtet wurde. Es sei bedenklich, dass in dem Fall der verurteilten Asia Bibi noch immer „Politiker die Mullahs verhätscheln", kritisierte das Blatt. Minderheiten müssten eigentlich so geschützt werden, wie es die Verfassung fordert. Taseers Idee: Er wollte den unterdrückten Gruppen des Landes eine Stimme geben und gleichzeitig die reichhaltige Kultur des Landes als Gegenpol zum religiösen Extremismus fördern.

„Wir sind die Söhne und Töchter des Indus. Wir haben eine Tradition der Poesie und Musik. All diese Gewalt und dieser Extremismus gehören nicht zu unserer Kultur", sagte er dem *Telegraph-India* in einem Interview. „Diese idiotischen *Taliban* wollen nur bombardieren und töten und Dinge in die Luft sprengen. Sie gönnen den Leuten einfach keine gute Zeit. Aber im Leben geht es auch darum, eine gute Zeit zu haben."

Als er gefragt wurde, ob er bedroht werde, antwortete er: „Machen Sie Witze? Die ganze Zeit werde ich bedroht, aber das schert mich nicht."

„In gewisser Weise", bilanzierte die Interviewerin, „ist Taseer alles, was Pakistan liebt und hasst. Ein stilvoller, reicher Mann, der Frauen und Wein mag. Ein Macher, der sein Geld in der Wirtschaft verdient, sein Herz jedoch der Politik verschreibt. Taseer ist das alte Pakistan. Das Pakistan, das feiert. Jetzt wird dieses Pakistan von einer Flut religiösen Extremismus überschwemmt."

Nach Taseers Tod wird auch Taseers Familie nicht verschont. Konservative Kreise verbreiten Fotos seiner drei Kinder, die von deren Facebook-Seiten kopiert wurden. Sie zeigen die Jugendlichen bei „unzulässigen Aktivitäten", zum Beispiel bei einem Rendezvous oder beim Schwimmen in einem Pool. Nach dem Attentat werfen Anwälte des inhaftierten Leibwächters dem liberalen Politiker sein

Sexualleben, seine Trinkgewohnheiten und seinen Schweinefleischgenuss vor – Belege für dessen Zügellosigkeit, die den Mord rechtfertigen sollen.

„Dieses widerwärtige Schauspiel ist zum Teil ein Produkt der sozialen Kluft Pakistans", analysiert Pakistan-Kenner Declan Walsh in der britischen Tageszeitung *The Guardian*. „Die Taseers leben in der vergoldeten Blase einer winzigen Elite, deren verwestlichtes Leben sich in Fotostrecken von Gesellschaftsmagazinen abspielt. In der Theorie gebiert sich Pakistan als ein Land, das alle Glaubensbekenntnisse respektiert. In der Praxis aber erweist sich das als großer Irrtum", so Walsh. Er verweist auf den Fall von Faryal Bhatti, der sich kurz nach Taseers Ermordung abspielt.

Die Christin geht auf die *Sir Syed Girls High School* im Städtchen Havelian, 50 Kilometer nördlich von Islamabad. Dort muss die Achtklässlerin eine Prüfung im Fach *Urdu* absolvieren. Eine Frage im schriftlichen Test bezieht sich auf den Propheten Mohammed. Hier nun macht die 13-Jährige einen folgenschweren Fehler. Das Wort in ihrer Antwort lautet „*laanat*" (Fluch). Eigentlich hätte sie „*naat*" (Hymne) schreiben müssen. Doch im Prüfungsstress hat sich Faryal verschrieben und über dem *naat* den Punkt falsch gesetzt. Ein Fehler, der leicht vorkommen kann, da der Unterschied zwischen den *Urdu*-Wörtern aus einem einzigen Punkt besteht.

Als die Lehrerin Fareeda Bibi das den Propheten beleidigende Wort auf Faryals Prüfungsblatt entdeckt, wird das

Mädchen laut der pakistanischen Zeitung *The Express Tribune* von der strengen Erzieherin gemaßregelt, ja sogar geschlagen. Doch damit nicht genug. Die Schulleitung stuft den Fehler als „schwerwiegend" ein und unterstellt dem Mädchen Gotteslästerung.

Die Nachricht, dass eine Christin Mohammed beleidigt habe, macht schnell die Runde. Am nächsten Morgen versammeln sich Schüler und religiöse Führer, um gegen die angebliche Gotteslästerin zu demonstrieren. Ein Mob zieht durch die Straßen von Havelian und fordert eine Bestrafung. Mullahs wüten in ihren Freitagspredigten gegen die „Ungläubige".

Faryals ganze Familie wird vor eine islamische Untersuchungskommission zitiert. Faryal entschuldigt sich für ihr Missgeschick und versichert, sie habe nicht in böser Absicht gehandelt. Doch das Mädchen wird von der Schule verwiesen. Auch ihre Mutter, eine staatlich angestellte Krankenschwester, wird versetzt.

„Was ist das für ein Wahnsinn?", fragt Beobachter Walsh. „Und das alles nur wegen eines Punkts!"

Seit Taseers Tod wagt es niemand mehr, auch nur im Geringsten am Blasphemie-Gesetz zu deuteln. Eine Atmosphäre der Angst macht sich breit. Die Parlamentsabgeordnete Sherry Rehman, ehemalige Informationsministerin, muss untertauchen, weil sie einen Antrag zur Änderung des Blasphemie-Gesetzes eingebracht hat. Sie fürchtet um ihr Leben, seit ein Mullah eine *Fatwa* erließ, wonach sie „keine Muslimin" sei.

Der Prozess gegen den 26-jährigen Bodyguard Qadri beginnt Anfang Februar. Seine Verurteilung ist bereits im Vorfeld zweifelhaft. Während seiner Untersuchungshaft geben ihm viele der islamistisch gesinnten *urdu*-sprachigen Medien ausgiebig Sendezeit, um sich mit der Tat zu brüsten. Eine Entourage von fünfzig Juristen begleitet Koranverse rezitierend den Angeklagten in den Gerichtssaal. Seine Verteidigung haben mehrere pensionierte Richter des Obersten Gerichtshofs übernommen. Die Abschaffung des Blasphemie-Gesetzes wäre Landesverrat, sagen sie Prozessbeobachtern. Mit Prozessauftakt versichert Premierminister Gilani zum wiederholten Mal in einer Rede vor der Nationalversammlung, dass die Regierung keinerlei Absichten habe, die Blasphemie-Gesetze zu ändern oder neu zu formulieren.

Derweil prügeln mit Stöcken bewaffnete Turbanträger im alten Anarkali Bazaar in Lahore auf Händler ein, die sich weigern, ihre Geschäfte aus Solidarität für Qadri zu schließen. Tausende von Facebook-Usern tauschen ihre Profil-Fotos aus Solidarität mit Qadris Portrait aus.

Hoffnung auf Gerechtigkeit keimt auf, als Qadri zum Tode verurteilt wird. Doch Richter Pervez Ali Shah muss sich durch den Hinterausgang davonschleichen und wird zu seinem Schutz außer Landes gebracht. Denn Richter, die ein „falsches" Urteil sprechen, befinden sich in Lebensgefahr. 1997 töteten Fanatiker einen Richter, der einen Blasphemie-Angeklagten freigesprochen hatte.

Als sei die Sache nicht schon gewalttätig genug, wird

einer von Taseers Söhnen entführt. Er leitet das milliarden-schwere Unternehmen seines Vaters. Es gibt keine Lösegeld-forderung, was den Verdacht nährt, der Sohn sei gekidnappt worden, um Taseers Mörder freizupressen. Anfang März 2016 wird der Entführte von paramilitärischen Grenztrup-pen bei Kuchlak in der Provinz Belutschistan befreit.

Am 29. Februar 2016 um 04:30 Uhr wird Qadri im Adiala-Gefängnis in Rawalpindi gehängt. „Gott ist groß. Ich bereue nichts. Ich habe meine Aufgabe erfüllt", sind seine letzten Worte.

Viele sunnitische Organisationen rufen zum Protest ge-gen die Hinrichtung von Qadri auf. In Karatschi, Lahore, Islamabad und Peschawar brechen Unruhen aus. Demon-stranten blockieren Straßen und verbrennen Autoreifen. Der öffentliche Busverkehr wird eingestellt und Schulen werden geschlossen. Mehrere Menschen werden bei Zu-sammenstößen mit der Polizei verletzt.

Unverblümt warnt die religiöse Partei *Jamaat-e-Ahl-e-Sunnat Pakistan*, dass jeden, der den toten Taseer betraue-re, das gleiche Los treffen könne. „Kein Muslim soll an der Beerdigung teilnehmen oder sogar versuchen, für Salman Taseer zu beten oder irgendeine Art von Bedauern für die Tat zum Ausdruck zu bringen", lässt die Partei in einer Er-klärung verlauten. Jeder, der Mitgefühl für den Tod eines Gotteslästerers zum Ausdruck bringe, begehe ebenfalls Gotteslästerung. „Wer einen Frevler unterstützt, ist selbst ein Frevler. Was Qadri getan hat, macht jeden Muslim stolz."

Am Tag der Beisetzung geben Qadri über 100 000 Menschen das letzte Geleit. Sein Leichnam wird mit roten Rosenblüten bedeckt. Der Hals ist sorgfältig bedeckt. Niemand soll die Spuren des Galgenstricks sehen. Über seinem Grab in Bhara Kahu, einem Vorort von Islamabad im Nordosten der Hauptstadt, wird ein großer Schrein errichtet. Lichterketten erleuchten das Gebäude, eine Kuppel und zwei Türme schmücken das Dach. Dutzende umkreisen hier täglich betend ihren Helden, über den sich die Geschichte verbreitet, nach der Beerdigung seien zwei Schwerter aus dem Grab gewachsen als Symbol für seinen gerechten Kampf.

Finanziert wird das Mörder-Monument vom Islamisten Khadim Hussain Rizvi, der nach der Ermordung Taseers die Partei *Tehreek-e-Labaik Pakistan Ya Rasul Allah* gründet, was sich etwa mit „Bewegung derjenigen, die rufen: Ich folge dir, oh Gesandter Gottes" übersetzen lässt. Ihr einziger Zweck: „Blasphemie" zu bestrafen.

Für Salman Taseer hingegen findet sich kein staatlicher Vorbeter, der bereit ist, am Grab nach islamischem Ritus die erste Sure zu sprechen. Am Ende nimmt ein Prediger von Taseers Partei diese religiöse Pflicht auf sich.

Die Zahl der Sicherheitskräfte übersteigt bei Weitem die Schar der Trauergäste auf dem Militärfriedhof in Lahore. Die Regierung hat Tausende Polizisten zusammengezogen, um Unruhen vor und nach der Trauerfeier zu verhindern. Pakistans führender Intellektueller Ahmed Rashid, der allen Drohungen zum Trotz zu Taseers Beerdigung geht, klagt: „Niemand außer dem Mörder selbst ist festgenommen worden. Die Regierung schreckt davor zurück, auch nur irgendetwas zu tun."

Die Quittung kommt in der darauffolgenden Woche. Ein *Taliban* „rächt" mit einem Selbstmordanschlag auf ein Gericht die Hinrichtung Qadris. 13 Personen sterben bei dem Anschlag, zu dem sich der pakistanische *Taliban*-Arm *Jamat-ul-Ahrar* bekennt. Die Terror-Organisation schreibt auf ihrer *Facebook-Seite*: „Die Gerichte Pakistans sind Ziele für uns, weil ihre Urteile gegen *Scharia*-Gesetze verstoßen."

„Die Situation im Land hat einen Punkt erreicht, wo man keine vernünftige Diskussion mehr führen kann", resigniert Kamran Arif, Co-Vorsitzender der Menschenrechtskommission in Islamabad. „Jeder vernünftige Mensch muss fürchten, auf der Abschussliste zu landen."

„Ich bin der Nächste auf der Todesliste", sagt Shabaz Bhatti, Christ und Minister für Minderheiten. Er sollte recht behalten …

7

SCHRECKENSBOTSCHAFT UND HOFFNUNGSFUNKE

Asia schläft in ihrer kalten Zelle, eingewickelt in eine kratzige Decke. Mit einem lauten Knall springt die Eisentür auf und zwei Wärter stürmen herein. Asia fürchtet, ihr letztes Stündlein habe geschlagen, und klammert sich an ihr geflochtenes Bettlager.

Die Wärter befehlen ihr aufzustehen. Sie muss in eine andere Zelle umziehen; eine Einzelzelle, abseits von den anderen Gefangen. Der Hofgang ist künftig gestrichen. Sie darf ihre neue Zelle nicht mehr verlassen – und niemand darf in Zukunft zu ihr.

Starr vor Schreck fragt sie nach dem Grund der Maßnahmen. Salman Taseer wurde ermordet, grinst einer der Wärter. Jetzt fürchtet die Gefängnisleitung, ihr könne dasselbe Schicksal durch Mithäftlinge widerfahren.

Auch Sohail Johnson meint, dass Asia Bibi von nun an in ganz besonderem Maße einen Anschlag fürchten müsse.

„Denn allein durch Taseers Fürsprache ist die Gefährdung gewachsen" so der Menschenrechtler der Nichtregierungsorganisation *Sharing Life Ministry* (*SLM*). „Wir glauben, dass Gott den Gouverneur gesandt hatte, um ihr zu helfen. Doch islamistische Kräfte wollen den möglichen Erfolg seines Begnadigungsversuchs torpedieren, indem sie die Christin für vogelfrei erklärt haben."

Zehn Millionen Pakistaner, so berichten Zeitungen in diesen Tagen, sind angeblich bereit, Asia Bibi eigenhändig umzubringen. Der muslimische Geistliche Mullah Yousaf Qureshi in Peshawar hat sogar ein Kopfgeld von 500.000 Rupies auf Asia Bibi ausgesetzt; umgerechnet sind das fast 3000 Euro, ein Betrag, der in Pakistan mehr als zwei durchschnittlichen Jahreseinkommen entspricht. Qureshi, Vorbeter in der einflussreichen historischen Mahabat-Khan-Moschee in Peshawar tönt: „Kein Präsident, kein Parlament oder keine Regierung haben das Recht, sich in die Lehren des Islam einzumischen."

Ausdrücklich fordert er die radikal-islamischen *Taliban* zum Mord an Asia Bibi auf. Dies sei wahrhaft ein Dienst an der Religion, sagt der Geistliche laut *Daily Times* bei einer Kundgebung. Zeitungen drucken seinen Mordaufruf nicht nur ab, sondern unterstützen ihn; darunter *Nawa-i-Waqt*, Pakistans größte *Urdu*-Zeitung: „Asias Bestrafung wird in jedem Fall erfolgen – auf die ein oder andere Weise."

Nur wenige Stimmen, darunter Shabaz Bhatti, protestieren scharf und weisen auf Artikel 506 des pakistanischen

Gesetzbuches hin, das für Todesdrohungen bis zu sieben Jahre Haft vorsieht …

Asia kann die Nachricht vom Tod Taseers kaum fassen. Alles in ihr krampft sich zusammen. „Wenn sie es geschafft haben, jemand so Wichtiges zu ermorden, wie soll ich das hier dann jemals überleben?", fragt sie sich. „Was für eine Chance habe ich noch?"

Niedergeschmettert schlurft sie in eine neue Einzelzelle; sie liegt abgetrennt im linken Trakt der Haftanstalt.

Aber abgesehen davon, dass Asia jetzt in einer neuen, winzigen, fensterlosen Zelle isoliert ist, hat sich noch etwas für sie geändert. Nach der Ermordung Taseers hat Minoriätenminister Bhatti eine Überwachungskamera für Asia Bibi gefordert. Sie ist mit einem Bildschirm im Aufenthaltsraum der Wärter verbunden, die im Notfall rasch einschreiten können.

Weil sonst niemand in ihre Zelle darf, wird ihr Essen in einem Holznapf vor einer Klappe in der Zellentür abgestellt. Asia Bibi muss die karge Mahlzeit mit einem langen Holzlöffel durch die Öffnung in ihren Mund bugsieren.

Es kommt auch niemand mehr, um die Zelle zu reinigen – was ohnehin selten der Fall war. An der Wand hängt lediglich ein kurzer Wasserschlauch. Daneben gibt es ein kleines Loch im Boden. Es ist aber nicht tief genug für die Exkremente und Asia Bibi hat auch nichts, womit sie ihre „Toilette" bedecken könnte. Unerträglicher Gestank breitet sich in der Zelle aus und der Anblick ist eine Qual für Asia.

„Kein Mensch kann so leben, nicht einmal ich, das Mädchen vom Land, das viel gewöhnt ist. Ich kämpfe darum, noch ein bisschen Würde zu bewahren", klagt sie ihrem Mann, der die Erlaubnis hat, sie im Gefängnis zu besuchen. Er gibt ihre Erzählungen an die französische Journalistin Anne-Isabelle Tollet weiter. Sie trägt 2011 Asia Bibis Stimme in dem Buch *Rettet mich* in die Welt.

Jeden Tag erbittet Asia Bibi Gottes Kraft, um durchzuhalten. Ein kleiner Lichtblick ist eine Wärterin, die Mitleid mit ihr hat. Sie steckt Asia heimlich Plastiktüten und eine kleine Kelle zu …

Asia Bibi versucht regelmäßig, die einheitliche Gefängniskleidung zu waschen. Doch die nassen Sachen lassen sich nirgendwo trocknen. Weil sie meist feuchte Kleidung trägt, wird sie immer wieder krank. Schüttelfrost fesselt sie oft auf ihr *Charpai*, ihr Bett – ein mit Seilen bespannter Holzrahmen, der auf vier wackligen Füßen steht.

Mit leeren Augen starrt sie dann auf die schimmligen Risse in der Decke, tastet ihren ausgehöhlten Bauch ab und ihre Brust, die flach geworden ist wie ein Brett. Sie ist abgemagert und schwach. Das Atmen fällt ihr schwer. Sie würde gerne weinen, aber sie hat keine Tränen mehr. „Hier habe ich gelernt zu krepieren und trotzdem am Leben zu bleiben", schreibt sie in ihren Erinnerungen.

In ihrer Verzweiflung schöpft sie Trost aus dem Gedanken, dass Jesus „Immanuel" genannt wird – *Gott ist mit uns*. Das gibt ihr die Gewissheit, nicht allein zu sein. Immer wieder bittet sie Jesus um Hilfe, um ihr Leiden, ihre

Einsamkeit und ihren Schmerz zu ertragen. „Du weißt, dass ich unschuldig bin", betet sie. „Beende meinen Leidensweg, beschütze mich und beschütze meine Kinder."

Dann kommt eines Tages ihr Mann zu Besuch und überbringt ihr eine Nachricht, die ihr Herz kurzfristig vor Begeisterung hüpfen lässt: Papst Benedikt XVI. hat auf dem Petersplatz in Rom ihren Namen genannt.

Zunächst kann sie es gar nicht glauben, dass das Oberhaupt der katholischen Kirche von ihr, der eigentlich unbekannten Pakistanerin, gesprochen haben soll. Erklären kann sich ihr Mann das auch nicht ganz genau. Er vermutet, dass es an den Gesprächen lag, die Ashiq mit vielen ausländischen Journalisten geführt hat. Sie sei die einzige und erste Frau, die in diesem Jahrhundert in Pakistan wegen Blasphemie zum Tode verurteilt wurde. Deshalb interessiere man sich für sie, gibt ihr Ashiq zu verstehen.

Asia will wissen, was genau der Papst vor Tausenden von Menschen und im Fernsehen gesagt hat. Ashiq zieht einen Zettel aus dem Tasche und liest ihr den Appell von Papst Benedikt vor: „Mit großer Sorge verfolgt die internationale Gemeinschaft in diesen Tagen die schwierige Situation der Christen in Pakistan, die oft Opfer von Gewalt und Diskriminierung sind. Ich bringe heute in besonderer Weise Frau Asia Bibi und ihren Angehörigen gegenüber meine geistliche Nähe zum Ausdruck und bitte darum, dass ihr so schnell wie möglich die volle Freiheit zurückgegeben wird. Weiter bete ich für Menschen, die sich in ähnlichen Situationen befinden, damit ihre menschliche Würde und ihre grundlegenden Rechte voll respektiert werden."

Schon beim traditionellen Neujahrsempfang für die Diplomaten am Heiligen Stuhl hatte der Papst den Finger auf die Wunde gelegt. Er rief die pakistanische Regierung dazu auf, das Blasphemie-Gesetz aufzuheben – „umso mehr, als es offensichtlich als Vorwand dient, um Ungerechtigkeit und Gewalt gegen die religiösen Minderheiten zu provozieren".

Auch entsendet der Papst Kardinal Jean-Louis Tauran, den Vorsitzenden des *Päpstlichen Rats für den Interreligiösen Dialog,* mit diplomatischer Mission nach Islamabad, um die Freilassung und Ausreise Asia Bibis zu erreichen. Die Mission scheitert an der Angst der pakistanischen Regierung vor einem islamistischen Aufstand, sollte Asia Bibi freigelassen werden. Die diplomatischen Bemühungen von katholischer Seite brechen aber auch danach nicht ab.

Asia schöpft neue Hoffnung. Noch ist nicht alles verloren. Sie betet zusammen mit ihrem Mann im Vertrauen, dass Gott mit ihr ist und sie aus dem Kerker herausholen wird. Sie dankt Gott für all das Gute, das er ihr zuteilwerden lässt.

Zum ersten Mal seit langer Zeit schläft sie in guter Stimmung ein …

Was sie derweil nicht weiß: Der Aufschrei der Islamisten folgt prompt! Die Papstkritik sei eine „offene Einladung zum Zusammenprall der Kulturen" gewesen, und noch mehr: eine Vorlage, „um die ganze Welt in einen blutigen

Krieg zu stürzen", wütet Liaqat Baloch, Generalsekretär der pakistanischen Partei *Jamaat-e-Islami*. Er kritisiert die „Einmischung in innere und religiöse Angelegenheiten" aufs Schärfste.

Asias Fall hat mittlerweile in Pakistan die Ausmaße einer Staatsaffäre angenommen und in Lahore, Karatschi und Islamabad gehen Zigtausende auf die Straße, um lauthals Asia Bibis Tod zu fordern. Die Demonstranten recken Fotos von Asia mit einer Schlinge um den Hals in die Höhe. Die Fanatiker wachen über die drakonischen Blasphemie-Gesetze wie ein Drache über seinem Schatz.

Fundamentalisten dringen bis ins letzte Dorf vor, um neue Anhänger zu gewinnen. Und dabei kommen sie auch in die Ziegelwerkstatt, in der Asias Mann arbeitet. Zum Glück verraten seine muslimischen Arbeitskollegen nicht, dass Ashiq Asias Mann und ebenfalls Christ ist.

8

DER LETZTE FUNKE HOFFNUNG ERLISCHT

Shahbaz Bhatti schleicht sich aus einer gemieteten Wohnung, die nur enge Freunde und Verwandte kennen. Der Minister für religiöse Minderheiten und einzige Christ im pakistanischen Kabinett weiß, dass er in Lebensgefahr schwebt. Jeden Abend stiehlt er sich durch den Hinterausgang aus seiner offiziellen Residenz in der Hauptstadt Islamabad und taucht in seinem Versteck unter, das er selbst seinen Leibwächtern nicht verrät.

Dennoch warten am Mittwochmorgen drei bewaffnete Männer unweit seiner geheimen Unterkunft auf den 42-jährigen Christen und schießen ihn nieder. Acht Kugeln treffen Bhatti. Dann kontrollieren die Attentäter, ob er auch wirklich tot ist.

Der Angriff an diesem 2. März 2011 dauert nur etwa 30 Sekunden. Dann fliehen die Täter in einem wartenden weißen Suzuki Mehran. Als Bhatti ins Shifa-Krankenhaus eingeliefert wird, ist er bereits tot.

Am Tatort findet man Pamphlete: hasserfüllte Warnungen an alle, die sich gegen das Blasphemie-Gesetz stellen. „Dieser Angeklagte hat nun das Ende gefunden, das er verdient und das anderen als Warnung dienen wird. Oh Kreuzzügler! Unser Kampf gegen Euch wird weitergehen, so lange, bis die Religion Allahs und seines Propheten – Friede sei mit ihm – siegen wird oder bis wir das Martyrium erleiden."

Unterzeichnet sind die Bekennerschreiben mit „*Taliban-Bewegung des Punjab* und *al-Qaida*".

„Dieser Mann war ein bekannter Gotteslästerer", bekräftigt später ein Sprecher der Terrorgruppe. „Wir werden weiter gegen alle Gegner des Gesetzes vorgehen, das jene bestraft, die den Propheten beleidigen."

„Dies war nicht nur ein Mord, sondern eine klare politische Drohung an alle Liberalen", sagt Babak Khalatbari, Repräsentant der *CDU*-nahen *Konrad-Adenauer-Stiftung* in Islamabad. Unter Shahbaz Bhatti war im November 2008 erstmals in der Geschichte Pakistans ein Ministerium für religiöse Minderheiten geschaffen worden.

Erst einige Zeit zuvor hat Bhatti, der erste Christ, der ein Ministeramt bekleidet, Asia Bibi besucht, die zu diesem Zeitpunkt seit 17 Monaten im Gefängnis sitzt: Im dunkelgrauen Anzug mit bordeauxroter Krawatte steht er im Büro des Gefängnisdirektors vor ihr. Die stattliche Erscheinung, vor allem sein mit Sorgfalt gekämmter voller schwarzer Haarschopf, macht Eindruck auf sie.

Bhatti bittet den Wärter, Asia Bibi die Ketten abzunehmen. Dann überbringt er ihr eine freudige Botschaft: Eine reiche christliche Familie aus Islamabad habe sich bereit erklärt, die Kosten für einen Anwalt zu übernehmen. Bhatti selbst will gegen das Todesurteil Berufung einlegen und gleichzeitig den Präsidenten darum bitten, Asia Bibi präsidiale Begnadigung zu gewähren. Dann würde sie sofort freigelassen, ohne auf das Urteil des Berufungsgerichts warten zu müssen.

Clement Shahbaz Bhatti, eines von sechs Kindern einer katholischen Familie, hat sich noch nie einschüchtern lassen. Geprägt von der toleranten Religionspolitik unter Premierminister Ali Bhutto setzt sich der Junggeselle für Christen ein und erhält mehrere internationale Auszeichnungen. Aber auch Morddrohungen. Doch der liberale Politiker und Patriot liebt sein Land mehr als sein Leben. Er weigert sich, Pakistan zu verlassen, und hat für den Fall seines Todes ein Video vorbereitet, in dem er erklärt, er werde sich auch unter dem Druck der Extremisten nicht beugen. „Wenn ich für meine Haltung sterben muss, dann ist das eben so."

Als eines der Gründungsmitglieder der christlich inspirierten Organisation *All Pakistan Minorities Alliance* (*APMA*) ruft er die verschiedenen Minderheiten auf, friedlich innerhalb des politischen Systems für ihre Rechte zu kämpfen anstatt durch Gewalt. Er erreicht die Einführung einer Fünf-Prozent-Quote für Angehörige religiöser Minderheiten im Staatsdienst. Zudem ringt Bhatti der Regierung das Zugeständnis ab, in allen Gefängnissen Gebetsräume für Nichtmuslime einzurichten. Auch lässt er in seinem Minderheitenministerium eine 24-Stunden-Hotline einrichten, über die Gewalt gegen religiöse Minderheiten gemeldet werden kann.

Ferner ruft er den *Nationalen Interreligiösen Rat (National Interfaith Council)* ins Leben. Er kommt im Juli 2010 erstmalig zusammen und setzt sich für die Förderung des Verständnisses und der Toleranz unter den verschiedenen Glaubensrichtungen ein. Dem Rat gehören die vier wichtigsten Imame von Pakistan, die Leiter der wichtigsten Religionsschulen, die führenden katholischen und protestantischen Bischöfe sowie die religiösen Oberhäupter der *Ahmadis* und *Parsen* an.

Außerdem verfügt Bhatti, dass in jedem pakistanischen Distrikt sogenannte *District Interfaith Harmony Committees* gegründet werden – Ausschüsse, die sich der Förderung der religiösen Toleranz durch Vertiefung des Wissens übereinander widmen. Jeder dieser Ausschüsse setzt sich jeweils aus sechs führenden Muslimen und sechs Angehörigen religiöser Minderheiten zusammen.

Auch sorgt Bhatti für einen „Tag der Solidarität mit Minderheiten". Der 11. August ist seither landesweiter Feiertag und soll an die Rede des Staatsgründers Mohammed Ali Jinnah erinnern, die dieser am 11. August 1947 vor der verfassungsgebenden Versammlung hielt. Darin hieß es: „Wir sind alle Bürger – und zwar gleichberechtigte Bürger – eines Staates. Wenn wir dieses Ziel beständig vor

Augen haben, werden im Laufe der Zeit Hindus aufhören, Hindus zu sein und Muslime werden aufhören, Muslime zu sein. Nicht im religiösen Sinne, denn das ist die persönliche Glaubensangelegenheit jedes Einzelnen, aber im Sinne als Bürger dieses Staates."

Emphatisch rief der Staatsgründer damals aus: „Ihr seid frei! Ihr seid frei, in eure Tempel zu gehen, ihr seid frei, eure Moscheen oder jede andere Gebetsstätte in diesem Staate Pakistan aufzusuchen."

Es war eine Vision religiöser Toleranz.

Vom Recht für alle Religionen zum Blasphemie-Paragrafen

Der neue Staat Pakistan übernahm 1947 aus Britisch-Indien vier Paragrafen in sein Strafgesetzbuch, die 1860 noch von den Kolonialherren verfasst worden waren und die bis heute gelten:

Sie stellen die Schändung heiliger Stätten, die Störung religiöser Versammlungen, die Entweihung von Friedhöfen und die bewusste Verletzung religiöser Empfindungen unter Strafe – mit bis zu zehn Jahren Gefängnis. Allerdings galten diese Paragrafen im Zeichen der Toleranz für alle Religionen, nicht nur für den muslimischen Glauben.

Zwischen 1947 und 1986 wurden unter Berufung auf diese Paragrafen nur fünf Urteile gefällt. 1987 hingegen beziffert die Nichtregierungsorganisation *Engage Pakistan* die Zahl auf 1.335!

67

Im Jahr zuvor hatte Putschgeneral Zia ul-Haq das Gesetz verschärft. Der Förderer des islamischen Extremismus stellte die Missachtung des Korans und jede „Verunglimpfung" des Propheten unter Strafe. Aus den vier Paragrafen, die ursprünglich alle Religionen schützen sollten, gingen zwei neue Blasphemie-Paragrafen hervor, die nur mehr den Islam betrafen. Der eine sah bei Missachtung eine lebenslange Haftstrafe vor, der andere die Todesstrafe.

Zudem ergänzte Zia ul-Haq das traditionelle *Scharia*-Recht durch strenge Interpretationen und Ausführungsbestimmungen: Händeabhacken bei Diebstahl oder Steinigung bei Ehebruch. Die Strafen wurden zwar meist nicht vollzogen, doch sie trieben die Bestechungsgelder für Richter und Polizisten gewaltig in die Höhe.

Etwas mehr als 60 Jahre später muss Bhatti beklagen: „Das Blasphemie-Gesetz ist nicht Jinnahs Gesetz. Wir wollen Jinnahs Pakistan, nicht ein Mullah-Pakistan."

Auf dem Weg zu diesem Ziel setzt Bhatti sich kontinuierlich für verfolgte Christen ein und zeigt dabei vor allem durch sein Engagement für Asia Bibi bewundernswerte Beharrlichkeit.

Nachdem er sein Begnadigungsgesuch dem Präsidenten vorgetragen hat, ordnet dieser die Bildung eines hochrangigen Komitees unter dem Vorsitz des Ministers für Minderheiten an. Dieser solle sich mit den Gelehrten und Experten beraten, die Blasphemie-Gesetze überprüfen und

Vorschläge machen, wie man in Zukunft ihre missbräuchliche Anwendung wirksam vermeiden könne.

Zwar folgt prompt ein Aufschrei der Islamisten: In Lahore demonstrieren Geistliche gegen eine Begnadigung und warnen vor jeder Änderung des Blasphemie-Gesetzes. „Wir sind bereit, unser Leben für den Propheten Mohammed zu opfern", rufen sie, und: „Friede sei mit dem Propheten".

Doch Bhatti ist voller Hoffnung, dass seine Bemühungen von Erfolg gekrönt sein werden. Freudig lädt er Asia Bibis Mann und die beiden jüngsten Töchter, die damals 17-jährige Sidra und die 12-jährige Esha, zu sich ein. Sie sitzen in ihrer allerbesten Kleidung still auf Bhattis Sofa und lauschen der wichtigen Nachricht, die dieser für seine Gäste bereithält: Asia Bibi habe gute Aussicht, begnadigt zu werden.

Kurz darauf werden Bhattis Aktivitäten allerdings sabotiert. In einer Petition wird das Obergericht in Lahore aufgefordert, die Regierung daran zu hindern, Änderungen an den Blasphemie-Gesetzen vorzunehmen. Das Obergericht gibt dem Antrag statt, untersagt Präsident Zaradi, Asia Bibi zu begnadigen, und weist ihn an, nichts mehr in Bezug auf eine Begnadigung zu unternehmen, bis er weitere Anweisungen vom Gericht erhalte.

Doch Bhatti lässt nicht locker. In einem vertraulichen Gespräch mit dem christlichen Nachrichtenportal *Fidesdienst* verrät er, dass er sich dennoch weiterhin mit der von ihm geleiteten *Kommission für die Revision des Blasphemie-*

Gesetzes für sein Anliegen und für Asia Bibi stark machen werde – ohne öffentliches Aufsehen.

Den radikalen Kräften ist dieser Eifer offenbar so zuwider, dass sie Bhattis Ermordung beschließen.

Das Requiem bei seinem Staatsbegräbnis in Islamabad einige Tage nach dem Attentat ist für einen unter den Trauergästen etwas ganz Besonderes: Asias Mann Ashiq erhält die Erlaubnis, sich im Chor unter die Sänger zu mischen. So kann er Bhatti die letzte Ehre erweisen und sich dabei aber vor Islamisten versteckt halten.

Der katholische Erzbischof von Islamabad, Msgr. Anthony Rufin, der aus demselben Dorf wie Bhatti stammt, hält eine bewegende Predigt: „Sehr jung hat er sein Leben Jesus Christus gewidmet. Er hat sein soziales und politisches Engagement immer im Dienste des Gemeinwohls und als Zeugnis des Glaubens in Christus gelebt. Mit diesem Dienst am Nächsten hat Shahbaz Bhatti den Willen Gottes erfüllt, er hat den Auftrag, den Gott für ihn vorgesehen hatte, mit Glauben, Gehorsam und Hoffnung erfüllt.

Er hat mich immer darum gebeten, ihn in meine Gebete einzuschließen, denn er war sich bewusst, dass jedes Engagement in dieser irdischen Welt ohne göttliche Hilfe unvollständig ist und keine Früchte tragen kann. Der politische Dienst als solcher, ohne Bezug zum Glauben, bleibt fruchtlos und ist anfällig für das Böse.

Dieser Mann hat sein Leben für seinen Glauben gegeben. Ich bin mir sicher, dass die Kirche ihn unter Einhaltung der Zeit, die sie dafür benötigt, zum Märtyrer erklären wird."

Die pakistanische katholische Bischofskonferenz stellt bereits drei Wochen nach der Ermordung einen offiziellen Antrag an den Vatikan, den Schutzherrn der pakistanischen Minderheiten in die Liste der „Märtyrer der Weltkirche" aufzunehmen. Bhatti wird von den Christen Pakistans vielfach als Märtyrer verehrt und Bischöfe des Landes haben in Rom bereits seine Heiligsprechung beantragt. Am 2. März 2016, dem fünften Jahrestag von Bhattis Ermordung, eröffnet die Diözese von Islamabad seinen Seligsprechungsprozess. Bhattis Bibel, in der er jeden Tag las, wird am Gedenkort für die neuen Märtyrer in der St. Bartholomäusbasilika auf der römischen Tiberinsel aufbewahrt.

Nach dem Trauergottesdienst wird Bhattis Leichnam mit dem Hubschrauber zu seinem Geburtsort Khushpur, 40 Kilometer südlich von Faisalabad, überführt.

Dieses größte katholische Dorf Pakistans, das den Beinamen „pakistanischer Vatikan" trägt, wurde 1902 von belgischen Missionaren gegründet. Aus dem rückständigen Ort ohne Straßen und Strom ist die „Hochburg" der katholischen Kirche in Pakistan geworden.

„Mit seinen fast 8000 Katholiken und einem außerordentlich aktiven kirchlichen Leben gilt der Ort als Rückgrat der katholischen Kirche des Landes", schreibt die *Kirche in Not*-Publizistin Eva-Maria Kolmann. Diese christliche Organisation unterstützt in Khushpur das *Nationale Aus-*

bildungszentrum für Katecheten. Aus der dortigen katholischen Gemeinde sind Bischöfe, Priester, Ordensfrauen und mehrere Ordensbrüder hervorgegangen. Es gibt eine Schule, eine Kirche und ein Dominikanerkloster.

Am Sonntag nach Bhattis Tod sagt Papst Benedikt XVI. beim Angelusgebet: „Ich bitte Jesus, den Herrn, dass das bewegende Lebensopfer des pakistanischen Ministers im Bewusstsein der Menschen Mut und Einsatz wecke, um die Religionsfreiheit aller Menschen zu schützen und damit ihre gleiche Würde zu fördern."

Über *Radio Vatikan* wird ein Schreiben von Bhatti aus dem Jahr 2005 publik gemacht, das als sein „geistliches Testament" gilt:

„Mein Name ist Shahbaz Bhatti und ich wurde in eine katholische Familie geboren. Mein Vater, ein Lehrer im Ruhestand, meine Mutter, eine Hausfrau, haben mich nach christlichen Werten und den Lehren der Bibel erzogen, die meine Kindheit prägten. Von klein auf war es selbstverständlich, die Kirche zu besuchen und in den Glaubenswahrheiten und im Opfer und der Kreuzigung Jesu eine tiefe Formung zu erfahren. Es war Jesu Liebe, die mich veranlasste, meine Dienste der Kirche zur Verfügung zu stellen. Die schrecklichen Bedingungen, in denen die Christen Pakistans lebten, erschütterten mich. Ich erinnere mich an den Karfreitag, als ich erst 13 Jahre alt war: Ich hörte eine Predigt über das Opfer Jesu für unsere Erlösung und für die Rettung der Welt. So fühlte ich mich gedrängt, als Antwort auf *diese* Liebe unseren Brüdern und

Schwestern *meine* Liebe zu schenken, indem ich mich in den Dienst der Christen stellte, besonders der Armen, der Notleidenden und der Verfolgten, die in diesem islamischen Land leben.

Mir wurden hohe Würden und Regierungsämter angeboten, damit ich meinen Kampf aufgabe, aber ich habe immer abgelehnt, sogar unter Gefahr meines eigenen Lebens. Meine Antwort war immer dieselbe: Nein, ich will Jesus dienen als einfacher Mensch.

Diese Hingabe macht mich glücklich. Ich will keine Popularität und keine Machtpositionen. Ich wünsche mir nur einen Platz zu den Füßen Jesu. Ich möchte, dass mein Leben, mein Charakter, meine Handlungen für mich sprechen und zeigen, dass ich Jesus Christus nachfolge. Dieser Wunsch ist so groß in mir, dass ich mich in meinen Anstrengungen für die Notleidenden, die Armen und die verfolgten Christen Pakistans auserwählt fühlen würde, wenn Jesus mein Leben als Opfer annehmen würde.

Für Christus will ich leben und für ihn will ich sterben. Deshalb verspüre ich keine Angst in diesem Land. Viele Male wollten mich die Extremisten ermorden oder einsperren. Sie haben mich bedroht, verfolgt und meine Familie terrorisiert. Ich aber sage: Solange ich lebe, bis zu meinem letzten Atemzug, werde ich fortfahren, Jesus und dieser armen, leidenden Menschheit, den Christen, den Notleidenden, den Armen zu dienen."

Am 2. März 2011 wurde Shahbaz Bhatti ermordet und starb als Christ, wie er es sich gewünscht hatte.

9

ALBTRAUM OHNE ENDE

Ein hoch gesichertes Gebäude in einem schicken Wohnviertel von Lahore. Überwachungskameras spähen von den hohen Mauern des Einfamilienhauses hinunter auf die Straße. Rund um das Anwesen patrouillieren Tag und Nacht Polizisten mit Gewehren. Vor dem Haus sitzen vier bewaffnete Polizisten unter einem olivgrünen Stoffdach. Sie tragen Pistolen an ihren Gürteln. Ein Ventilator, dessen Stromkabel zum Haus führt, fächelt ihnen Kühle zu. Jeder Besucher wird genau kontrolliert, jeder, der am Haus vorbeigeht, argwöhnisch beäugt.

Hinter diesem Schutzwall lebt der mutigste Anwalt der Welt: Saif-ul-Malook. Der 63-Jährige hat die Verteidigung von Asia Bibi übernommen; ein lebensgefährlicher Job. Er selbst ist Muslim. „Aber spielt das eine Rolle?", fragt er *Spiegel Online*. „Für einen Arzt ist doch auch irrelevant, welche Religion er oder sein Patient hat. Ich interessiere mich für die rechtlichen Belange von Asia Bibi, nicht für ihren Glauben."

Schon seit Jahren erhält er Morddrohungen. Er war der einzige Anwalt, der Mumtaz Qadri, den Mörder von Salman Taseer, strafrechtlich verfolgte. Kein einziger Jurist war dazu bereit – bis Malook beschloss, Stellung zu beziehen.

Hatte er keine Angst? „Ja, natürlich", sagt Malook. Er erhielt Briefe, in denen angedroht wurde, seiner Familie unaussprechliche Dinge anzutun. Ein hoher Polizeibeamter meinte, wenn er solchen Drohungen standhalten könnte, sollte er weitermachen.

Malook entschied sich dafür. „Man warf mir damals und auch heute vor, meine eigene Familie in Gefahr zu bringen", sagt der Ehemann einer Mathematiklehrerin und Vater dreier Töchter. Kopfschüttelnd kommentierte damals der Oberste Richter Pakistans: „Malook ist verrückt geworden."

Malooks Blutdruck stieg besorgniserregend an und er musste ins Krankenhaus.

„Aber langsam, ganz langsam lernst du damit zu leben", erzählte er *Bild am Sonntag*-Reportern und fügte hinzu: „Überall auf der Welt muss es Menschen geben, die aufstehen, wenn sie gebraucht werden."

Unterstützung braucht Asia Bibi in diesen Tagen mehr denn je. Sie hat sämtliche Hoffnung verloren, nachdem Ashiq ihr bei einem seiner Besuche eine traurige Nachricht überbringen musste: die Ermordung von Shahbaz Bhatti. In diesem Moment hatte Asia Bibi das Gefühl, „als würde jemand mein Herz direkt im Inneren meines Körpers zerquetschen". Vor Schreck wie erstarrt sackt sie auf ihrer

Schlafstatt zusammen – und meint, die Mauern des Gefängnisses über sich zusammenstürzen zu sehen.

Der letzte Funke Hoffnung ist erloschen. Ein dunkler Schleier legt sich über ihr Gemüt. Sie hegt Selbstmordabsichten. Doch die Gedanken an ihre Kinder halten sie zurück. Auch muss sie an die Worte von Priester Samson in ihrer Kirche St. Theresia denken: „Selbstmord ist eine schwere Sünde." Und sie hat die Minister im Blick, die ihr Leben für sie gegeben haben. Salman Taseer und Shahbaz Bhatti sollen nicht vergeblich für sie gestorben sein …

Ihre Gebete werden immer verzweifelter. Sie bittet ihren Herrn, Gnade vor seinen Augen zu finden. Sie erfleht seine Güte und sein Erbarmen und schluchzt: „Ich sehe nur noch die Flammen der Hölle."

Tatsächlich ist sie von Leuten umgeben, die teuflische Pläne schmieden. Zwei Wärter bereiten einen Anschlag auf sie vor, der nur in letzter Minute verhindert werden kann, weiß die Menschenrechtsanwältin Maria Anthony zu berichten.

Der Gefängnisdirektor Khalid Sheik hat seine Haftanstalt offensichtlich nicht im Griff. Deshalb wird Asia Bibi im Juni 2013 in das vom Armeegeheimdienst verwaltete Frauengefängnis von Multan verlegt. Hier herrschen höchste Sicherheitsvorkehrungen. Jeder Angestellte wird überprüft, sämtliche Besucher werden penibel durchsucht.

„Für Asia Bibis Familienangehörige bedeutet die Verlegung in den Süden von Punjab zehn Reisestunden für jeden Besuch", weiß die Menschenrechtlerin Aneeqa Maria

Anthony. „Es sind Fahrten unter besonderen Sicherheitsvorkehrungen, um nicht erkannt zu werden und Islamisten in die Hände zu fallen."

Die einstöckige Haftanstalt auf einem rund 3000 Quadratmeter großen ummauerten Gelände ist für 166 Insassen ausgelegt. 1973 errichtet, präsentiert sich das Gefängnis modern und gibt sich den Anschein eines Erholungsheimes. „In den Gefängnisbaracken einschließlich des Krankenhauses wird Farbfernsehen zur Verfügung gestellt", schreibt die pakistanische Zeitung *Express*. „Es gibt Schaukeln für die Kinder von weiblichen Gefangenen, außerdem Bilderbücher, CD-Player und Zeichentrickfilme. Auch eine gut ausgerüstete Krankenabteilung kann das Gefängnis aufweisen und eine Bibliothek, auch wenn die meisten Gefangenen Analphabeten sind."

Eine pensionierte Lehrerin bringt verurteilten Müttern Lesen und Schreiben bei. Einmal die Woche, dienstags, wird Religionsunterricht erteilt, „basierend auf islamischer Erziehung, Ethik und Moral".

Tatsächlich hängt ein Fernseher im Gang, auf dessen flackerndem Bildschirm Asia Bibi durch die Gitterstäbe ihrer Zelle blinzeln kann. Ab und an überlässt ihr das Gefängnispersonal sogar die Fernbedienung. Auch unterhalten sich manche Wärter zuweilen mit ihr. Das lindert die Qualen der Isolationshaft. Und: Asia Bibi darf in ihrer Zelle kochen. Kein Privileg, sondern eine Sicherheitsmaßnahme, weil befürchtet wird, sie könne vergiftet werden. Die Lebensmittel bringt ihr Mann.

Fernseher und Kochnische können allerdings nicht über die wahren Zustände in der Haftanstalt hinwegtäuschen. Die beschreibt eine ehemalige Insassin gegenüber der Hilfsorganisation *Open Doors* so: „Kennt man die Überfüllung, die mangelhaften Sanitäranlagen und die unzureichende Belüftung, dann bekommt man eine Ahnung von dem Höllenloch, in dem Asia ihre Einzelhaft verbüßt."

Der schönen Frau wird die Blütezeit ihres Lebens geraubt. Asia Bibi ist rasch gealtert; tiefe Falten haben sich in ihre einst makellose Haut eingegraben. Früher fest und rosig, gleicht sie jetzt bleichem Pergament.

Nur Anwalt Malook und ihre Familie dürfen die Inhaftierte sehen. Stets bekommen sie dieselben Worte zu hören: „Bitte, tut das Möglichste für meine Freiheit. Ich bin stark, aber ich werde von Tag zu Tag schwächer."

Nichts wünscht sie sich sehnlicher, als dass ihre „Henker die Augen öffnen und sich die Zustände in meinem Land endlich ändern".

Die Christenverfolgung wird indes immer schlimmer. Unbekannte beschießen das Haus, in dem sich Asia Bibis Töchter aufhalten. „Wir erhalten ständig Drohungen, und mehr als einmal bin ich verfolgt worden", sagt ein Freund, bei dem die Mädchen untergekommen sind, einem Vertreter von *Kirche in Not.*

„Die Islamisten sind hinter uns her und jedes Mal, wenn wir merken, dass wir in Gefahr sind, fliehen wir sofort", so Joseph Nadeem, ein weiterer Freund der Familie und Leiter einer Bildungsstiftung in Lahore. „Wir können nicht einmal nach draußen, um Lebensmittel einzukaufen. Ich verlasse das Haus nur bei Nacht und verhülle dabei mein Gesicht."

Viermal im Monat ist Asia Bibis Familie zum Umzug gezwungen.

Asia Bibi teilt in besonderer Weise das Schicksal mit einem Christen, der seit 2013 wegen angeblicher Gotteslästerung in einer Todeszelle sitzt. Der Straßenreiniger Sawan Masih wurde ins Zentralgefängnis von Faisalabad gesteckt, weil er in einen Streit mit einem muslimischen Nachbarn geraten war. Dieser behauptet, Masih habe den Propheten Mohammed beleidigt. „Mein Jesus ist echt und von ihm kommt die Erlösung", soll er gesagt haben.

Der Nachbar zeigt Masih an, indem er die Bezichtigung am 8. März 2013 an eine Moschee weitergibt. Bevor Masih offiziell verhaftet wird, stacheln Prediger über die Lautsprecher die Gläubigen der Stadt auf und ermuntern sie, die Bestrafung des vermeintlichen Gotteslästerers selbst in die Hand zu nehmen. Es folgt eine Gewaltexplosion.

In der *Joseph Colony*, einer kleinen christlichen Insel im muslimischen Meer, bricht das Inferno aus. Dreitausend muslimische Männer, bewaffnet mit Schlagstöcken und Eisenstangen, stürmen das christliche Viertel im Zentrum von Lahore. Sie plündern Dutzende Häuser und zünden mehr als hundert Gebäude an. Dass niemand verletzt wird, grenzt an ein Wunder. Die Einwohner können kurz vor dem Mobangriff fliehen, weil Polizisten sie gewarnt haben. Doch der Gewaltorgie schauen die Beamten, ohne einzugreifen, einfach nur zu.

Ein Antiterrorismus-Gericht spricht sämtliche Verdächtigen, die dort gebrandschatzt hatten, am 29. Januar 2017 frei. Masih dagegen wird 2014, ein Jahr nach seiner Verhaftung, zum Tode verurteilt und wartet bis heute auf seinen Berufungsprozess – genauso wie Asia Bibi.

Die Pakistanerin hat zu diesem Zeitpunkt noch nicht mal ihre erste Anhörung im Berufungsverfahren erhalten. Zum fünften Mal innerhalb weniger Monate wurde der Termin verschoben.

„Schock und Bestürzung. Verbitterung und die feste Überzeugung, dass hier etwas nicht stimmt", so beschreibt Anwalt Malooks Kollege Naeem Shakir seine Reaktion. „Die Anhörung stand auf der Liste der Anhörungen, die heute, am 27. Mai 2014, stattfinden sollten", empört sich Maloofs Mitstreiter. „Dann verschwand sie plötzlich von der Liste. Wir wissen nicht, warum, und wir wissen nicht, wann oder ob ein anderer Termin festgelegt wird. Ich kann nur sagen, dass das, was passiert, einfach nicht normal ist. Wir stehen in Kontakt mit der Verwaltung des Obersten Gerichtshofs von Lahore und warten auf eine offizielle Erklärung."

Derweil vergehen Asia Bibis Tage im immer gleichen monotonen Rhythmus. Jeden Morgen Punkt 6:30 Uhr hallt ein schriller Pfiff durch den Korridor: Zählappell. Mit einer Zahnbürste, die um die Hälfte gekürzt ist, damit man sie nicht als Waffe verwenden kann, beginnt Asia Bibi ihre Morgentoilette. Ihr Handtuch ist so groß wie ein DIN-A4-Blatt.

Gegen sieben Uhr gibt es Frühstück; allerdings nicht für Asia Bibi, die ihr eigenes Essen zubereitet. Für die anderen Gefangenen gießt ein Wärter über einen Trichter eine undefinierbare Pampe in eine Schüssel. Dazu gibt es weißes Wasser, das Milch sein soll.

Jeden Mittag rumpelt der Essenswagen über den Flur; vorbei an Asia Bibis Zelle. Jeden Nachmittag wird Tee ausgeschenkt. Abends dann wieder Essensausgabe für die anderen Häftlinge. Ab 19 Uhr wird der Fernseher eingeschaltet; so laut, dass einem die Ohren klingeln.

Woche für Woche, Monat für Monat gehen ins Land. Erst im August findet ein Anhörungstermin statt. Dieser Termin bildete die rechtliche Grundlage für einen Einspruch gegen das Todesurteil, den der Anwalt umgehend einlegt.

Der Einspruch wird am 16. Oktober 2014 verhandelt. Der Gerichtssaal in Lahore platzt aus allen Nähten. Mullahs und Vertreter extremistischer Gruppen drängen sich auf die besten Plätze.

Zwei geladene Zeugen des angeblichen Blasphemie-Vorfalls vom 14. Juni 2009 sind nicht erschienen. Der Dorf-Mullah von Ittanwali ist zwar der Ladung nachgekommen, doch er muss zugeben, dass er überhaupt nichts mitbekommen hat. Er war weder Augenzeuge, noch hat er die angebliche Beleidigung des Propheten gehört.

Fast zweieinhalb Stunden ziehen sich die beiden Richter zur Beratung zurück. Dann verkünden sie: „Der Einspruch wird zurückgewiesen. Das Todesurteil für Asia Bibi wird bestätigt."

Unter den Islamisten im Saal bricht Jubel aus. „Lasst uns feiern und Süßigkeiten verteilen!", ruft ein Geistlicher, der während der gesamten Beratungszeit Verse aus dem Koran rezitiert hat.

„Ich bin sehr glücklich", sagt Qari Salaam, eine der Erntehelferinnen im Juni 2009 und Hauptbeschwerdeführerin. „Die Richter haben ein gerechtes Urteil gefällt. Asia Bibi hat den Tod verdient."

Gulam Mustafa, Salaams Anwalt, fügt hinzu: „Asia Bibis Anwalt hat versucht zu beweisen, dass die Beschuldigung auf eine persönliche Feindschaft zurückzuführen ist. Dies konnte er aber nicht beweisen."

Anwalt Malook bleibt nur noch ein letztes Mittel: ein Antrag auf Revision des Falles beim Obersten Gerichtshof. Während er über dem Antrag brütet, ereignet sich eine der bislang schlimmsten Blasphemie-Gräueltaten.

Am 4. November 2014 im Dorf Kot Radha Kishan, am Stadtrand von Lahore: Die 24-jährige Shama Bibi räumt ihre Unterkunft auf. Dabei findet sie einige Blätter. Die Analphabetin verbrennt die Seiten mit arabischem Text. Möglicherweise enthalten sie Koranverse. Der muslimische Mitarbeiter Muhammad Irfan entdeckt die halb verbrannten Blätter im Abfall und beschuldigt daraufhin die Familie, den Koran geschändet zu haben.

Am nächsten Tag sind Shama und ihr Mann, der 26-jährige Shahzad, wie üblich an ihrem Arbeitsort, einer Ziegelei. Plötzlich nähert sich ein Mob von mehreren 100 Personen und fordert den Tod der beiden „Gotteslästerer". Sie reißen den beiden die Kleider weg, verprügeln sie, brechen ihnen die Beine und schleifen sie, angebunden an einen Traktor, über den Hof. Schließlich werfen sie die schwer verletzten Shama und Shahzad in den brennenden Ziegelofen. Das getötete Ehepaar hinterlässt drei kleine Kinder, die seit der Schreckenstat bei den Großeltern leben. Angehörige der Ermordeten berichten, die Frau sei schwanger gewesen.

Zwar verurteilt ein Antiterror-Gericht fünf Tatbeteiligte zum Tode, doch bereits Anfang 2019 kommen sie wieder frei.

14 Tage nach dem grausamen Tod des Ehepaars gelingt Asia Bibis Mann ein PR-Coup im Fall seiner Frau. Diverse internationale Zeitungen veröffentlichen einen offenen Brief von ihm: „Gestern kehrte ich aus dem Gefängnis in Multan zurück, wohin meine Frau Asia Bibi überstellt wurde. Seit Asia Bibi im November 2010 zum Tode verurteilt wurde, weil sie ein Glas Wasser aus unserem Dorfbrunnen getrunken hat, lebt meine Familie in ständiger Angst und unter Todesdrohungen. Ich lebe – untergetaucht – mit meinen fünf Kindern so nah wie möglich bei Asia Bibi. Sie braucht uns sehr, um am Leben zu bleiben – unter anderem, damit wir ihr Medizin und gutes Essen bringen, wenn sie krank ist. Nachdem meine Frau unter schrecklichen Bedingungen vier lange Jahre im Gefängnis verbracht hat, hofften wir, dass das Gericht in Lahore meine Frau freilassen würde. Sie hat keine Blasphemie begangen, nie! Seit das Gericht aber am 16. Oktober das Todesurteil bestätigt hat, verstehen wir nicht, warum unser

84

Land, unser geliebtes Pakistan, so gegen uns ist. Unsere Familie hat hier immer in Frieden gelebt, und wir haben uns nichts zuschulden kommen lassen. Wir sind Christen, aber wir respektieren den Islam. Unsere Nachbarn sind Muslime und wir haben immer gut mit ihnen in unserem kleinen Dorf gelebt. Doch seit einigen Jahren hat sich die Situation in Pakistan aufgrund einiger weniger Menschen verändert, und wir haben Angst.

Viele unserer muslimischen Freunde können nicht verstehen, warum die pakistanische Justiz unsere Familie so sehr leiden lässt. Wir versuchen nun unser Bestes, um den Fall dem Obersten Gerichtshof vorzulegen. Aber wir sind davon überzeugt, dass Asia Bibi nur gerettet werden kann, wenn der ehrwürdige Präsident Mamnoon Hussain ihr eine Begnadigung gewährt. Niemand sollte getötet werden, wenn er ein Glas Wasser trinkt.

Meine fünf Kinder und ich haben nur dank des Schutzes einiger treuer Freunde überlebt, die täglich ihr Leben riskieren, um uns zu helfen. Viele Menschen aber wünschen mir, dem Ehemann, und unseren Kindern den Tod. Dank unserer Freundin Anne-Isabelle Tollet, die seit vier Jahren unsere Schwester ist und uns bei vielem geholfen hat, sprechen wir oft darüber, was getan werden kann, um Asia Bibi zu retten. Es ist für uns so wichtig zu hören, dass Menschen von weit weg Asia Bibi unterstützen. Es hilft uns durchzuhalten! Jedes Mal, wenn ich Asia Bibi im Gefängnis besuche, berichte ich ihr von dieser Solidarität. Manchmal gibt es ihr Mut.

Vor Kurzem, bevor ich meine zehnstündige Reise zu Asia Bibi antrat, erfuhr ich von einer wunderbaren Nachricht aus Paris: Die Bürgermeisterin bietet an, Asia Bibi und unsere Familie in Paris willkommen zu heißen, wenn sie freigelassen wird. Das ist eine große Ehre, und wir sind sehr dankbar. Ich möchte Ihnen, Frau Bürgermeisterin von Paris, meinen aufrichtigen Dank aussprechen. Ich hoffe, dass wir Sie eines Tages lebend besuchen werden.

Als ich gestern Asia Bibi besuchte, bat sie mich, Ihnen diese Botschaft zu überbringen:

„‚Meine Gefängniszelle hat keine Fenster und Tag und Nacht sind für mich gleich. Aber dass ich bis heute durchhalte, ist all jenen zu verdanken, die versuchen, mir zu helfen. Ashiq hat mir gesagt, dass die Stadt Paris anbietet, unsere Familie willkommen zu heißen. Ich möchte Ihnen, Frau Bürgermeisterin, und allen freundlichen Menschen in Paris und auf der ganzen Welt meinen tiefsten Dank aussprechen. Ihr seid meine einzige Hoffnung, in diesem Verlies am Leben zu bleiben, also bitte verlasst mich nicht. Ich habe Gott nicht gelästert.‘

Ashiq Masih

Pakistan, den 17. November 2014"

Der ernste Brief berührt viele Herzen. Tausende Protest-E-Mails aus aller Welt gehen in Folge bei der pakistanischen Regierung ein. Ein kleiner Triumph gelingt: Die deutsche Bundesregierung sendet ihren Menschenrechtsbeauftragten, um die pakistanische Regierung aufzufordern, den

Straftatbestand der Blasphemie abzuschaffen und „dafür Sorge zu tragen, dass in Pakistan Menschen aller Glaubensrichtungen friedlich ihren Glauben leben können".

10

„NUR GOTT KANN MICH BEFREIEN"

„Bara din mubarak ho" – so wünschen sich pakistanische Christen „frohe Weihnachten". Asia Bibi muss nun bereits zum fünften Mal *vada din*, den „großen Tag", allein verbringen – ganz allein an diesem grauenvollen Ort.

Mit ein paar Grad über null ist es um diese Jahreszeit in Pakistan nicht gerade tropisch warm. In ihrer feuchtkalten Zelle erinnert sich Asia Bibi daran, wie sie und ihre Töchter jedes Weihnachten stolz in neuen bunten Kleidern im Kleinbus nach Sheikhupura fuhren – für 30 Rupien pro Person. Eingehüllt in graue Decken und mit Strümpfen an den Füßen, die in geschlossenen Schuhen steckten, quetschten sie sich zwischen die Passagiere. Penibel achtete Asia Bibi darauf, dass ihr weiß-grünes *salwar kamiz*, eine Tunika *(Kamiz)*, die locker über der Hose *(Salwar)* getragen wird, nicht beschmutzt wird.

In ihren schönsten Gewändern wollte die Familie in Sheikhupuras prachtvoller Kirche St. Theresia die Christmette feiern, die immer mindestens drei Stunden dauerte.

Asia erinnert sich, wie sie jedes Mal am Eingang zur Kirche eine kleine Kerze bekamen, da zu Beginn in der Kirche alle Lichter ausgeschaltet waren. Als sie dann erwartungsvoll in den Kirchenbänken saßen, erklang von irgendwoher ein kleines Glöckchen und alle erhoben sich. Die Orgel setzte ein, und voller Begeisterung und Inbrunst stimmte die Gemeinde in einen fröhlichen Lobgesang auf Gott ein. Und auch später, als sie miteinander beteten, waren ihre Herzen erfüllt.

Für Asia Bibi und ihre Familie, die ihre Herzen für Jesus geöffnet haben, war Weihnachten immer der glücklichste Tag des Jahres. Eine gesegnete Gelegenheit, für die Liebe ihres Herrn zu danken und vielleicht auch bisher angefallene Schuld zu bekennen: „Herr, erbarme dich. Christus, erbarme dich. Herr, erbarme dich."

„Mein Gott, erbarme dich meiner und sei barmherzig", fleht Asia Bibi ausgestreckt auf ihrer Pritsche liegend. Tränen rinnen ihr übers Gesicht. Ihre Gedanken schweifen ab – zu dem Weihnachtsgebäck und den anderen Leckereien, die zu Hause immer auf dafür vorgesehene Holzböcke gestellt wurden.

Ihr läuft das Wasser im Mund zusammen bei der Vorstellung an *Namak Pare*, *Gosche* und *Puri* – typisch pakistanische Köstlichkeiten, die um Mitternacht am 24. Dezember gegessen werden, wenn offiziell das Weihnachtsfest beginnt. *Namak Pare* – ein salziger Teig, der in heißes Öl geworfen wird. *Gosche* – mit getrockneten Früchten gefüllte Teigtaschen. *Puri* – ganz kleine, hohle

Teigballons, die noch heiß mit süßer *Halwa*-Paste verspeist werden.

Der ekelerregende Gestank in ihrer Zelle macht die Erinnerungen an Weihnachtdüfte rasch zunichte. Innerlich zerrissen zwischen wohligen Weihnachtsphantasien und der grauenvollen Realität verfällt Asia Bibi in Tagträume. Plötzlich hat sie einen Geistesblitz: Sie wird einen Brief an den Papst schreiben! Vorerst zwar nur in Gedanken, da sie als Analphabetin zu mehr nicht in der Lage ist, aber bereits ein paar Tage später diktiert sie ihn ihrem Anwalt aufs Papier, der das Schreiben anschließend nach Rom schickt.

„Eure Heiligkeit, Papst Franziskus, im Namen unseres Herrn, des Allmächtigen und Glorreichen.

Ich, Asia Bibi, möchte meine tiefe Dankbarkeit gegenüber Gott und Ihnen zum Ausdruck bringen. Ich hoffe, dass jeder Christ mit Freude Weihnachten feiern konnte. Wie viele andere Gefangene habe ich die Geburt unseres Herrn im Gefängnis von Multan hier in Pakistan gefeiert.

Dieser Winter ist besonders hart: Meine Zelle ist unbeheizt, die Tür schützt nicht vor der beißenden Kälte. Die Sicherheitsvorkehrungen sind unangemessen.

Obwohl ich nicht weiß, wie lange ich noch durchhalten kann, machten mir die vielen Gebete aus aller Welt Mut. Es wäre für mich eine große Freude gewesen, Weihnachten im Petersdom zu sein, um mit Ihnen gemeinsam zu beten. Ich habe Vertrauen in die Pläne, die Gott mit mir hat. Vielleicht wird es nächstes Jahr möglich sein.

Ich bin allen Kirchen zutiefst dankbar, die für mich beten und für meine Befreiung kämpfen. Ich weiß nicht, wie lange ich das noch aushalten kann. Dass ich noch am Leben bin, verdanke ich allein der Kraft, die mir durch ihrer aller Gebete zukommt. Ich habe von vielen Menschen gehört, die für mich eintreten und für mich kämpfen. Bisher leider ohne Erfolg. In diesem Augenblick will ich mich allein der Barmherzigkeit Gottes anvertrauen, der alles kann. Er allein kann mich befreien!

Lieber Heiliger Vater, ich wünsche Ihnen das Beste für das neue Jahr. Ich weiß, dass Sie von ganzem Herzen für mich beten. Das gibt mir Vertrauen, dass meine Freiheit eines Tages möglich sein wird. Dieses Gebetes sicher, grüße ich Sie herzlich. Asia Bibi, Ihre Tochter im Glauben."

Auch zu Ostern schreibt Asia Bibi an Papst Franziskus: „Mit Ostern hat uns Jesus Christus ein Beispiel des Friedens und der Versöhnung gegeben. Wir alle müssen das von ihm und seinem Opfer lernen, denn er wurde gekreuzigt für uns und er sagte, er verzeihe allen, die ihm das angetan haben. In diesen besonderen Tagen bitte ich alle Christen in Pakistan, in Frieden zu leben und dafür zu beten."

Asia Bibis Appelle und ihre Kraft und Stärke bleiben nicht ohne Wirkung. Aus dem juristischen Fall wird ein Politikum. In mehreren Städten bilden sich Solidaritätsinitiativen. Der Pariser Stadtrat spricht sich für die Verleihung der Ehrenbürgerschaft an sie aus. An dem Hauptgebäude der Pariser Stadtverwaltung wird ein großes Bild Asia Bibis angebracht. Hilfswerke bitten, Solidaritätskarten an sie und Protestnoten an die pakistanische Regierung zu senden. Mehr als eine halbe Million Unterschriften erhält eine britische Online-Petition, die ein politisches Eingreifen des britischen Premierministers David Cameron verlangt. Die Aktivisten machen auch darauf aufmerksam, dass es nicht nur um Asia Bibi geht. Denn viele Pakistani bangen derzeit in den Todeszellen um ihr Leben. Asia Bibi stehe für sie alle, so die Online-Aktivisten, die sich in den sozialen Netzwerken für sie einsetzen.

Zu Tränen gerührt ist Asia Bibi, als sie von einer Aktion erfährt, die ihre Biografin Anne-Isabelle Tollet losgetreten hat. Dabei postet man in den sozialen Netzwerken ein „Selfie", auf dem man ein Glas Wasser trinkt – als Symbol der Solidarität mit Asia Bibi.

Ihr Fall erregt immer größere Aufmerksamkeit. Der Druck auf die pakistanische Regierung wächst. 2015 wird der Antrag von Anwalt Malook auf Revision des Falles angenommen. Malook äußert sich gegenüber örtlichen Medien hoffnungsvoll: „Ich bin optimistisch, da verlangt wird, die Beleidigung zu beweisen – und das ist in diesem Fall nicht möglich."

Auch Khalil Tahir Sindhu, Minister für Menschenrechte und Minderheiten der Regierung von Punjab und selbst Christ, vertraut darauf, dass „das Ende ihres Kreuzweges nahe sei" und dass „Asia Bibi freigesprochen werden wird. Wir werden alles nur Mögliche tun, um Asia zu retten. Ich bete jeden Tag für sie. Gott wird ihr helfen."

Gleichzeitig aber wächst auch die Gewalt gegen Christen. Am Morgen des 15. März 2015 geschieht vor zwei Kirchen in Youhanabad, einem Stadtteil von Lahore, das Unfassbare: Fast zeitgleich gehen zwei Bomben hoch – ein doppeltes Sprengstoffattentat! Knapp 2 000 Kirchenbesucher befinden sich zu der Zeit in den beiden Gotteshäusern, die etwa 500 Meter voneinander entfernt liegen. 20 Menschen sterben sofort, weitere später im Krankenhaus, über 100 sind teilweise schwer verletzt.

Baseema war gerade in der Kirche, als es passierte. Sie arbeitet seit 11 Jahren als einzige christliche Lehrerin an einer staatlichen Schule und hatte im Vorfeld schon viel von dem Anschlag in Peshawar im September 2013 gehört, als 80 Christen getötet und Hunderte verletzt worden sind. „Doch es ist etwas ganz anderes, wenn man selber so etwas erlebt, wenn man mittendrin ist", erzählt sie einige Zeit nach dem Anschlag. Die Gewehrschüsse, der große Knall, die Geräusche, Schreie, das Blut, die Gerüche, die Unübersichtlichkeit, die panischen Gedanken: Was ist passiert? Wohin kann ich fliehen? Was geschieht als Nächstes? „Dieser Tag hat mein Leben verändert."

Baseema verliert durch das Attentat gute Freunde und Verwandte, darunter ein junges Ehepaar. Die Frau war im achten Monat schwanger. Sie kam gerade vom Nachtdienst als Krankenschwester zur Kirche, als die Bombe vor der Tür explodierte. Ihr Mann, der ihr entgegenkam, starb noch auf dem Weg ins Krankenhaus.

Sie hinterlassen eine zweijährige Tochter, Maria. Das kleine Mädchen, das in der Kirche überlebte, hat bis heute

noch nicht verstanden, dass ihre Eltern sie nicht mehr abholen werden. Nun kümmert sich Baseema um sie.

Die junge Frau stammt aus einer angesehenen Lehrer-
familie. „Aber nun", so sagt Baseema, „halte ich mein bis-
heriges Leben für wertlos. Früher waren mir Wohlstand
und Anerkennung wichtig. Meine Lebensziele waren ma-
terieller Reichtum, Einfluss und Glück. Dann hat Jesus
mein Leben berührt. Ich habe das Leben neu geschenkt
bekommen wie bei einer Geburt, wie ein zweites Leben.
Seit diesem Tag sind Gott und seine Sache das Wichtigste in meinem Leben, alles andere zählt nicht mehr. Nur
Gott zählt. Was er von mir will, das will ich tun. Als mir
bewusst wurde, was geschehen war, habe ich mich gefragt,
ob Gott mein Leben bewahrt hat, damit ich es ganz für
ihn lebe. Das bedeutet: dem Vorbild von Jesus zu folgen,
mein Kreuz auf mich zu nehmen – eines Tages vielleicht
auch einmal mein Leben für meine Glaubensgeschwister
einzusetzen. Auf jeden Fall spreche ich jetzt in der Schule gegenüber meinen muslimischen Kollegen offener über
mein Christsein."

Baseema hat dabei das Beispiel eines Freundes vor Augen: Asim. Der junge Mann konnte nur bis zur achten
Klasse in die Schule gehen, weil seine Eltern nicht mehr in
der Lage waren, das Schulgeld zu bezahlen. Er war Metz-
gerlehrling. An dem besagten Sonntag ist er Teil des frei-
willigen Sicherheitsdienstes, der bei jedem Gottesdienst
die Kirche von außen absichert. Als mehrere junge Männer mit Gewehren gegen Ende des Gottesdienstes auf die

Kirchentür zusteuern, stellt er sich den Angreifern entgegen. Daraufhin schießen die Terroristen um sich.

„Lass mich rein in die Kirche, ich habe eine Bombe! Ich sprenge dich sonst in die Luft", ruft einer Asim zu.

Der aber stoppt ihn, hält ihn fest, umarmt ihn und ruft: „Ich lasse dich nicht durch, auch wenn ich mit dir sterben muss!" Da geht die Bombe hoch.

Durch den Einsatz von Asim blieben die etwa 500 Gottesdienstbesucher im Inneren der Kirche unversehrt. Lediglich die Christen, die gerade außerhalb der Kirche standen, waren vom Attentat direkt betroffen.

„Wir sind sehr traurig, dass wir einen Sohn verloren haben, aber größer ist unsere Freude über den Mut unseres Sohnes, der vielen Menschen das Leben retten konnte", erklärt Asims Mutter Mitarbeitern einer christlichen Hilfsorganisation. Nun hat der jüngere Bruder seinen Platz am Eingangstor der Kirche übernommen …

Baseema wird Asims Einsatz und ihren eigenen Vorsatz nie vergessen. Eindringlich sagt sie: „Ja, dieser Tag hat mein Leben verändert. Aber ich bin auch dankbar dafür."

Für die Drahtzieher galt der Anschlag als misslungen, doch ihr Hass treibt sie bis heute an. Aufgrund der erhöhten Sicherheitsvorkehrungen vor Kirchen und Schulen schlugen die Terroristen zuletzt in einem öffentlichen Park zu. Mehr als 70 Menschen starben am Ostersonntag, obwohl sie eigentlich nur Karussell fahren und im Park picknicken wollten. Viele von ihnen waren Christen, einige auch aus Youhanabad.

Mit dieser ständigen Bedrohung müssen die Christen in Pakistan nun leben. An ihren Häusern hängen die Bilder der Verstorbenen. Die Trauer ist groß, doch sie lassen sich nicht abschrecken: Eine Woche nach jenem 15. März sind doppelt so viele Menschen im Gottesdienst wie am Tag des Attentats. Sie stehen zusammen – trotz des Hasses, trotz der Gefahr.

Dass die Gefahr real ist, bleibt weiterhin im ganzen Land spürbar. Und das, obwohl oftmals nur Gerüchte und falsche Anschuldigungen vorliegen. Mitte April 2017 stürmt im Nordwesten von Pakistan ein Mob mit Stöcken auf den Campus der Abdul-Wali-Khan-Universität in Marden. Einer der Angreifer hat sogar eine Pistole dabei. „Mashal!" und „Gotteslästerer" rufen die gewaltbereiten Universitätsstürmer. Sie sind gekommen, um Mashal Khan zu töten – allein auf der Grundlage des Hörensagens, dass Mashal ein „Blasphemist" sei. Beweise, dass der 23-Jährige den Propheten Mohammed wirklich beleidigt hat, gibt es keine.

Der Mob findet den Journalistik-Studenten im zweiten Stock eines Unigebäudes. Die Männer schlagen sofort auf ihn ein. Dann feuert jemand zwei Schüsse auf Mashal ab. Sie werfen ihn über einen Balkon nach draußen, wo weitere Männer auf ihn einprügeln.

Jemand filmt die grausame Tat und wie die Täter sich selbst dafür feiern. Ihre Rufe *Allahu Akbar* – „Gott ist groß" – sind deutlich zu hören. Sie wollen die Leiche verbrennen. Die Videos von der Tat kursieren später im Netz. Die pakistanischen Medien veröffentlichen sie bereitwillig. In mehreren Moscheen preisen Geistliche die Täter im Nachhinein und erklären, es sei rechtens gewesen, Khan zu töten.

Opfer der pakistanischen Blasphemie-Gesetze rücken zusehends ins Visier der Weltöffentlichkeit; insbesondere gilt das für Asia Bibi. Doch es sind nicht nur die großen Schreckensschlagzeilen, die Christen auf der ganzen Welt über sie lesen können. Auch auf andere Art wird ihres Schicksals gedacht:

Am 13. September 2017 nominieren die *Europäischen Konservativen und Reformer* (*European Conservatives and Reformers, ECR*), die sechstgrößte Fraktion im EU-Parlament, Asia Bibi für den Sacharow-Preis. Er ist mit 50 000 Euro dotiert und gilt als der bedeutendste europäische Menschenrechtspreis. Der *ECR*-Vertreter und holländische EU-Parlamentarier Peter van Dalen erklärte dazu: „Asia Bibis Fall ist ein Symbol für viele andere, die in ihrer Meinungs- und Ausdrucksfreiheit und speziell in der Religionsfreiheit verletzt werden. Meine Kollegen der *ECR*-Gruppe und ich verteidigen weiterhin die Rechte von Asia Bibi und vielen anderen.“

Zwar reicht es über die Nominierung hinaus nicht dazu, den Preis drei Monate später auch tatsächlich zu gewinnen: Der EU-Menschenrechtspreis wird am 13. Dezember 2017 in einer feierlichen Zeremonie in Straßburg an die demokratische Opposition in Venezuela verliehen.Doch die Mobilmachung der Öffentlichkeit in Sachen Asia Bibi zeigt trotzdem Wirkung.

Am 24. Februar 2018 werden Asia Bibis Ehemann und seine Töchter von Papst Franziskus im Vatikan empfangen.

„Eine wunderbare Märtyrerin" nennt der Pontifex Asia Bibi und versichert Asias Tochter Esham, dass er weiter für sie bete.

„Entgegen der zunächst für 15 Minuten geplanten Begegnung nahm sich der Papst rund 40 Minuten Zeit", berichtet Alessandro Monteduro. „Wir haben mit dem Papst gebetet", so der Vorsitzende der italienischen Sektion von *Kirche in Not*, der von einer „einzigartigen Begegnung" spricht.

Gekrönt wird sie durch den Anblick des Kolosseums in Rom, das in blutrotes Licht getaucht wird, während die ersten Takte von Bachs Matthäus-Passion erklingen. „Kommt, ihr Töchter, helft mir klagen" – so lauten die ersten Zeilen des Anfangschorals. Das Rot soll an das Blut der Märtyrer erinnern, das vor 2 000 Jahren in der gigantischen antiken Arena geflossen sein soll. Auch soll das Rot an das Blut der getöteten und verletzten Christen des 21. Jahrhunderts mahnen, von denen Fotos auf einer Leinwand gezeigt werden.

Viel Prominenz ist gekommen, darunter der EU-Sondergesandte für die Förderung der Religionsfreiheit, Jan Figel. 75 Prozent der Weltbevölkerung leben „in Ländern, in denen schwere oder selbst schwerste Verletzungen dieses grundlegenden Rechtes vorkommen", sagt Figel, der wie andere hochrangige Vertreter der Kirche und Politik bei dieser Initiative der weltweit tätigen Organisation *Kirche in Not* spricht. Am beeindruckendsten aber sind die Zeugnisse von Ashiq Masih und Esham. Asia Bibis Tochter erinnert daran, wie ihre Mutter vor bald neun Jahren verhaftet wurde. Sie solle ihrem Glauben abschwören. „Nein“, habe ihre Mutter gesagt, „Jesus Christus und meine Familie verlasse ich nicht“. Dann muss Esham unterbrechen und einige Tränen abwischen.

„Wir glauben an Jesus Christus und in seine Hände legen wir das Leben von Asia. Wir sind davon überzeugt, dass der Herr uns hören wird, auch dank der Gebete der Gläubigen in aller Welt“, so Ashiq Masih.

Wieder zurück in Pakistan eilen sie zu Asia Bibi und überbringen ihr die gute Nachricht der weltweiten Solidarität.

„Es tröstet mich zu wissen, dass der Papst in dieser schwierigen Lage für mich betet und an mich denkt“, erklärt Asia Bibi. Was sie nicht verrät: Trotz des Trostes ist sie sehr niedergeschlagen. Wenn ihre Töchter sie besuchen, hält sie ihre Tränen zurück. „Aber wenn sie gegangen sind, weine ich einsam vor Schmerz und Trauer.“

Asia Bibi leidet und ihre Kinder leiden. Oft ist die Gefangene so enttäuscht und mutlos, dass sie sich fragt, ob sie das Gefängnis jemals wieder verlassen wird, was als Nächstes passieren wird und ob sie ihr ganzes Leben hierbleiben muss.

Im tiefen Tal ihrer Verzweiflung erreicht sie eine überraschende Nachricht: Der Präsident des Obersten Gerichts von Pakistan, Saqib Nisar, erklärt, er werde im Fall der zum Tode verurteilten Asia Bibi „in Kürze" eine Entscheidung treffen. Er selbst werde den Vorsitz des Gerichtshofs führen und den Fall regeln. Damit weckt er große Hoffnungen, dass die inzwischen neunjährige Haftzeit der zweifachen Mutter schon bald zu Ende gehen könnte.

„Bibis Familie und alle anderen, die ihre Leidensgeschichte kennen, sind begeistert von der Nachricht, dass ihre Berufung bald zur Anhörung gebracht wird", sagt Anwalt Malook. Gleichzeitig aber warnt er: „Wenn Asia Bibi freikommt, wird es gewaltige Proteste geben, sicher auch Tote. Die Zukunft ist so oder so düster."

Ein Freund der Familie, Joseph Nadeem, besucht Asia Bibi nach Bekanntwerden der Neuigkeit im Gefängnis. „Sie war begeistert und voller Hoffnung; sie reagierte mit großem Glauben und lobte Gott", sagt er der italienischen Tageszeitung *La Stampa*.

Doch die Quertreiber liegen auf der Lauer. Die radikalislamische Partei *Tehreek-e-Labaik* (*TLP*) warnt die Richter vor einem „Nachgeben" unter dem Druck „antipakistanischer" Kräfte in westlichen Ländern. Kein Gotteslästerer habe das Recht zu leben.

Am 6. Mai 2018 folgt den Worten eine Tat. Innenminister Ahsan Iqbal wird angeschossen, als er sich mit Christen trifft. Der 59-jährige Minister gehört der regierenden *Pakistan Muslim League-Nawaz*-Partei (*PML-N*) an, die verhindern will, dass die Blasphemie-Gesetze dazu missbraucht werden, religiöse Minderheiten zu diskriminieren.

Der Attentäter ist Mitglied der *TLP*-Partei, die eine noch strengere Durchsetzung der ohnehin drakonischen Blasphemie-Gesetze fordert.

Am 18. August 2018 wird der ehemalige Cricketspieler Imran Ahmad Khan Niazi Premierminister Pakistans. Er scheint genug politische Durchsetzungskraft zu haben, den Zangengriff der Mullahs zu lockern. Er verkündet, der Tag sei nicht mehr fern, an dem Pakistan auf der ganzen Welt als ein minderheitenfreundliches Land bekannt sein werde. Dementsprechend wurde eine parlamentarische Kommission gegründet, um Maßnahmen gegen den Missbrauch der Blasphemie-Gesetze zu erarbeiten. Um in Zukunft ähnliche falsche Beschuldigungen und Fehlurteile zu verhindern, hat nun seine Gerechtigkeitsbewegung *Tehrik-e Insaf* im Parlament einen Zusatz zu den berüchtigten Blasphemie-Paragrafen eingebracht. Künftig sollen falsche Verleumdungen unter lange Gefängnisstrafen gestellt werden. Ein wichtiger Schritt, denn bisher konnte jeder einem Andersgläubigen ohne konkrete Beweise Blasphemie vorwerfen, ohne dafür zur Rechenschaft gezogen zu werden.

Asias Mann schöpft neue Kraft, um für das Leben seiner Frau zu kämpfen. „Sie lebt ihre Gefangenschaft im Zeichen des Glaubens und vertraut sich jeden Tag dem Herrn an", berichtet er dem christlichen *Fidesdienst*. Mit Unterstützung von *Kirche in Not* reist Ashiq nach Europa und macht den Fall in mehreren Pressekonferenzen bekannt.

Am 31. Oktober 2018, nach einem neun Jahre dauernden, kräftezehrenden juristischen Tauziehen, endlich das bahnbrechende Urteil: Asia Bibi wird freigesprochen! In seinem 56 Seiten umfassenden Urteil führt Saqib Nisar, der Präsident des Obersten Gerichts in Pakistan, zunächst das Fehlen zwingender Beweise an. „Die Kläger sind kategorisch daran gescheitert, den Fall der angeblichen Gotteslästerung so zu beweisen, dass er über jeden Zweifel erhaben ist."

Genau dieser Schuldbeweis, der jeden Zweifel ausschließt, sei von „fundamentaler Wichtigkeit" im Strafrechtssystem, da damit sichergestellt werden soll, dass niemand unschuldig verurteilt wird.

Damit folgt er der Argumentation von Asias Anwalt Malook. Er hatte bereits der *Deutschen Welle* (*DW*) gegenüber erklärt, dass bei dem vorangegangenen Urteil das Prinzip „im Zweifel für die Angeklagte" nicht beachtet worden war. „Rechtlich gesehen ist es ein schwacher Fall."

Zum anderen begründete das aus drei Richtern bestehende Gericht den Freispruch mit Passagen aus dem Koran und den *Hadithen*.

Johannes Seibel, der Pressesprecher der christlichen Organisation *missio Aachen,* kommentiert: „Es ist außergewöhnlich, dass die Richter in der Urteilsbegründung eine eigene Stellungnahme angefügt haben, in der sie aus dem Koran und aus islamischen Schriften zitieren. Mit diesen Zitaten legen sie dar, dass Christen Angehörige einer Religion sind, die der Islam achtet und die auch der Prophet achtet."

Seibel fährt fort: „Die Richter zeigen anhand dieser Stellen, dass ein von Hass und Ressentiments geleitetes Vorgehen gegen Minderheiten nicht im Sinne des Islam ist. Das ist hoch spannend!" Denn es entziehe den Fanatikern ihre Argumentationsgrundlage.

„Es ist ein historisches Urteil und es wird helfen, die Harmonie zwischen den Religionen voranzubringen", führt Ayub Malik, Politikanalyst in Islamabad, der *Deutschen Welle* gegenüber an. „Bibis Fall zeigt, wie die meisten Blasphemie-Fälle in Pakistan konstruiert werden."

Auch Menschenrechtsaktivist Farzana Bari freut sich: „Es ist ein Leuchtturm-Urteil. Die Richter und Anwälte haben großen Mut gezeigt. Aber der Test für die Regierung beginnt erst jetzt – mit der Reaktion der Extremisten!"

11

ENDE DER HÖLLISCHEN HEXENJAGD

Am Abend des 31. Oktober 2018 blicken die Pakistaner gebannt auf ihre TV-Bildschirme. Premierminister Imran Khan wendet sich in einer Fernsehansprache an die pakistanische Nation und warnt die Islamistenpartei *TLP* davor, sich mit der Staatsmacht anzulegen.

Die Kontroverse um Asia Bibi ist das erste Kräftemessen Khans mit den religiösen Hardlinern. Die Richter, die Asia Bibi freigesprochen haben, hätten „den Tod verdient", krakeelt der radikalislamische *TLP*-Politiker Muhammad Afzal Qadri. Ihre „Wächter, Fahrer oder Köche" sollten die Juristen „noch vor dem Abend" umbringen.

Die Fanatiker künden an, „das ganze Land lahmzulegen" – und machen ihre Drohung wahr. Der Mob steckt in vielen Städten Autos und Läden in Brand. In Lahore versuchen sie gar, das regionale Parlament zu stürmen. Die pakistanische Regierung setzt daraufhin die Armee ein. Das Militär wird auch am Parlamentsgebäude und den Gerichten in der Hauptstadt Islamabad postiert. Um eine weitere

Eskalation zu verhindern, schaltet die Regierung in einigen Städten zeitweise das Mobilfunknetz ab. Fernsehberichte über die Lage auf den Straßen werden zensiert. Schulen, Universitäten und viele Fabriken bleiben geschlossen.

Erst als die religiösen Eiferer die Armeeangehörigen, die mit dem Islamismus sympathisieren, zur offenen Revolte gegen den amtierenden Armeechef General Qamar Javed Bajwa auffordern, überspannen sie den Bogen. Pakistans Militär hat den Ruf, islamistische Gruppierungen aus taktischen oder ideologischen Gründen zu unterstützen, auch solche, die wegen des Bibi-Urteils gegen Ungläubige hetzen. Doch als Prediger Khadim Hussain Rizvi in einer Rede die Glaubensfestigkeit des Armeechefs in Zweifel zieht, wird er interniert, und Dutzende seiner Gefolgsleute werden verhaftet.

Die Demonstrationen ebben ab, nachdem die Regierung Verhandlungen mit den Islamisten aufnimmt. Sie erkauft sich die vorläufige Ruhe mit zwei Schritten: Zum einen sichert sie zu, Asia Bibi vorerst die Ausreise nicht zu gestatten. Sie wird auf die sogenannte *„Exit Control List"* gesetzt, die die Namen aller pakistanischen Bürger enthält, die nicht ausreisen dürfen.

Zum anderen lässt der Staat eine Petition zu, eine Art Berufung, die das Verfassungsgericht auffordert, die Aufhebung des Todesurteils nochmals zu überprüfen.

„Juristisch gesehen ist dieser Schritt einigermaßen abenteuerlich, denn die Richter hatten das letzte Wort ja schon als oberste Instanz gesprochen", urteilt die *Süddeutsche*

Zeitung. „Dass man sie nun mit Billigung der Regierung dazu nötigt, sich alles erneut anzuschauen, dürfte das Vertrauen der obersten Justiz in den Schutz der Regierung nicht eben stärken. Denn hinter der Petition stehen ausgerechnet jene Leute, die wenige Stunden zuvor offen zum Mord an den drei Richtern aufriefen, die das Todesurteil gegen Bibi aufgehoben hatten."

„Eine weitere Kapitulation", titelt die Zeitung *Dawn* über einen Kommentar mit Blick auf die Regierung und wirft Premier Khan vor, wie schon andere zuvor den Konflikt mit den Extremisten zu scheuen. *Dawn* kritisiert, dass die gewalttätigen Kräfte weder Verfassung noch Demokratie achten und der Regierung das Zugeständnis abringen, alle verhafteten Randalierer freizulassen. Für die immensen Schäden der dreitägigen Unruhen hingegen verantwortet sich niemand und so muss der – ohnehin nahe am Bankrott stehende – Staat aufkommen. Nach offiziellen Schätzungen 1,2 Milliarden Euro.

Von einem „Kuhhandel der Regierung mit dem Mob" spricht die langjährige *ZEIT*-Korrespondentin Gabriele Venzky. „Religiöse Horden treiben den Staat vor sich her, der mit seiner Kapitulation ein gefährliches Signal aussendet. Denn so haben die Blasphemie-Brigaden freie Hand zu entscheiden, wer Freund ist und wer Feind."

Deutsche Bischöfe hoffen und beten, „dass das ganze Land und besonders auch die kleine Gruppe tapferer Christen, die dort leben, diesen Sturm unbeschadet überstehen".

Asia Bibis Ehemann zeigt sich entsetzt über das, was die Regierung mit den Extremisten ausgehandelt hat: „Diese Übereinkunft hätte es nie geben dürfen", sagt er der *Deutschen Welle*. Er bangt weiter um das Leben seiner Frau: „Wir waren so froh, sie bald treffen zu können. Meine Töchter haben sich so danach gesehnt, sie frei zu sehen."

Nun aber muss Asia bis zu einer weiteren Entscheidung im Gefängnis bleiben. „Die Situation ist sehr gefährlich für uns", sagt der Familienvater, dem „ein Schauer über den Rücken" lief, als er von der Wendung erfuhr. Die Entscheidung, seine Frau freizusprechen, sei ein Hoffnungsschimmer gewesen. Mit dem Kompromiss zwischen der Regierung und islamistischen Gruppen droht die Hoffnung wieder zu schwinden.

„Meine Familie, meine Verwandten, sogar meine Freunde haben Angst", erzählt Ashiq. „Die drei Richter haben ihr Urteil gesprochen, nachdem sie alle Aspekte des Falls betrachtet, alle Fakten analysiert und alle Widersprüche studiert hatten. Deshalb hätte die Regierung sich nie auf solch ein Abkommen einlassen sollen. Ich denke, der Oberste Gerichtshof sollte das in einem Berufungsverfahren berücksichtigen."

So nah war Asia Bibi der Freiheit. Nun folgen sieben Monate zwischen Hoffen und Bangen. Ihr Anwalt muss angesichts massiver Morddrohungen das Land verlassen. „Ich bin ein wandelnder Toter", sagt er, bevor er in das Flugzeug nach Amsterdam steigt. „Diesen Fall zu übernehmen bedeutete, meine persönlichen Freiheiten sowie das

Leben meiner Familie zu zerstören. Man beschuldigt mich, dass ich ein schlechter Muslim sei, weil ich eine christliche Frau verteidigt habe, die der Blasphemie beschuldigt war."

Seine Freunde und Kollegen hätten Angst, gemeinsam mit ihm Auto zu fahren, weil sie fürchteten, mit ihm getötet zu werden, lässt Malook den Nachrichtendienst *idea* wissen. Er müsse aber am Leben bleiben, um weiterhin vor Gericht für Asia Bibi kämpfen zu können. Er verspricht zurückzukehren, sobald das Militär ihm Sicherheit gewähre. Derweil begibt er sich in die Obhut der NGO *Lawyers Without Borders*, deren Sprecher François Zimeray erklärt: „Malook verdient den höchsten Schutz. Es gibt nichts Wichtigeres, als Menschenrechtsverteidiger zu verteidigen."

Asia Bibis Ehemann Ashiq hat unterdessen für seine Familie in Frankreich und Spanien Asyl beantragt. Er und seine Kinder ziehen zu diesem Zeitpunkt von Versteck zu Versteck, ihre Situation in Pakistan ist lebensbedrohlich und nicht haltbar, so Ashiq Masih. Zuvor hatte er sich über internationale Medien an die Regierungschefs der USA, Kanadas und Großbritanniens gewandt und sie um Hilfe angefleht. Als mögliches Aufnahmeland sind auch Deutschland und Australien im Gespräch. Selbst Italiens Innenminister Matteo Salvini, eigentlich für einen harten Kurs bei der illegalen Einwanderung bekannt, verspricht, „alles Menschenmögliche zu tun, um die Zukunft Bibis zu garantieren".

Der Italiener Antonio Tajani, Präsident des Europäischen Parlaments, twittert, er habe Asia Bibis Familie nach Brüssel oder Straßburg eingeladen, um zu diskutieren, wie er bei der Freilassung Bibis konkret helfen könne.

Hinter den Kulissen wird um den Verbleib von Asia Bibi gerungen. Der slowakische Politiker Jan Figel, EU-Sonderbeauftragte für Religionsfreiheit, verhandelt mit der pakistanischen Regierung.

„Ich habe über die Bedeutung von Gerechtigkeit und Würde für alle Pakistaner gesprochen, insbesondere für Minderheiten. Ich habe unermüdlich darauf hingewiesen, wie wichtig es für alle Betroffenen ist, klare Zeichen zu sehen, dass sich die pakistanischen Behörden auf den Weg hin zu Gerechtigkeit und Rechtsstaatlichkeit bewegen", so Figel. „Gerechtigkeit zu verzögern, bedeutet Gerechtigkeit zu verweigern", erklärt der Politiker laut dem Nachrichtenkanal *World Watch Monitor*.

Figel drängt darauf, die Erneuerung von Pakistans Handelsabkommen mit der EU so lange auszusetzen, bis sich das Land an internationale Vereinbarungen zur Achtung von Menschenrechten hält. Ein solcher Beschluss wäre ein starkes Druckmittel, denn die EU ist zu diesem Zeitpunkt der wichtigste Abnehmer für pakistanische Exporte. Dank des Handelsabkommens stiegen Pakistans Ausfuhren in die EU von über vier Milliarden Euro im Jahr 2011 auf über sechs Milliarden Euro im Jahr 2016; ein Plus von 53 Prozent.

Figels Drängen zeigt Erfolg! Nur kurze Zeit später stellt die Europäische Union (EU) ein Junktim – eine Verknüpfung zweier oder mehrerer vertraglicher Abmachungen – her zwischen der Erneuerung des Handelsabkommens und einem positiven Ausgang des „Falls Asia Bibi". In dem EU-Bericht wird darauf hingewiesen, dass sich Pakistan auf Platz 111 jener 167 Länder befindet, in denen die Demokratie bedroht ist, Druck auf politische Gegner und die Medien ausgeübt wird und Korruption herrscht.

Am 7. November 2018 wird Asia Bibi mit einem Hubschrauber aus der Haftanstalt Multan in ein Schutzhaus der Regierung auf den Hügeln von Islamabad gebracht und später nach Karatschi verlegt. Dort stellt man ihr einen Fernseher und ein Telefon zur Verfügung.

„Wir telefonieren täglich mit ihr", sagt Nadeem, ein Freund der Familie. Esha und Esham können zu diesem Zeitpunkt ihre Mutter zwar noch nicht in die Arme schließen, aber sie sind unendlich dankbar, endlich wieder die Stimme ihrer Mutter hören zu dürfen. „Ich werde nie ihr erstes Telefonat vergessen", berichtet Nadeem. „Esha und Esham haben stundenlang vor Freude geweint. Asia Bibi wartet sehnsüchtig darauf, ihre Töchter zu sehen, und hofft, bald zusammen mit ihnen und ihrem Mann das Land verlassen zu können."

Ihre ganze Sorge gilt ihren Kindern, lässt sie Nadeem wissen. „Sollte mir irgendetwas zustoßen, kümmert euch bitte um meine Töchter!"

Kurz darauf taucht im Internet eine Nachricht der Mädchen auf. Sie verabschieden sich von Pakistan – und vorübergehend auch von Asia Bibi. Offenbar befinden sie sich nämlich bereits außer Landes. „In ihrer Botschaft war keine Bitterkeit, nur Liebe für alle", sagt Nadeem. „Man muss ein ganz besonderer Mensch sein, um solche Prüfungen zu bestehen und dennoch ein Herz voller Liebe zu bewahren."

Auch Asia Bibi zeigt ungewöhnliche Kraft.

„Sie ist eine unglaubliche Frau", schwärmt Nadeem. „Es mag seltsam klingen, aber sie ist es, die uns in diesen schwierigen Momenten hilft. Sie bittet uns, nicht den Mut zu verlieren."

Viele Pfarrgemeinden und kirchliche Gruppen in Pakistan beten und fasten für ihre Freilassung. Pfarrer Arthur Charles, der für die St.-John-Gemeinde in Karatschi verantwortlich ist, sagt im Gespräch mit dem christlichen Nachrichtendienst *Fides*: „In meiner Pfarrgemeinde werden wir bei allen Gottesdiensten für ihr Anliegen beten."

Pfarrer Qaisar Feroz (*OFMCap*), der eine Gemeinde in Lahore leitet, schließt sich mit den Christen seiner Gemeinde an: „Ich hoffe, dass ein gerechtes Urteil ergehen wird, und bete dafür, dass die Richter sich nicht von politischem Druck oder Fundamentalisten beeinflussen lassen."

Auch in sozialen Netzwerken und über den Sender *Jesus Live TV*, der in Pakistan empfangen werden kann, wird darum gebeten, dass „Asia Bibi bald Gerechtigkeit erfährt".

Emmanuel Neno, Sekretär der bischöflichen *Kommission für Katechese*, erklärt, warum alle Christen so hohen Anteil nehmen am Leben und Leiden Asia Bibis, indem er auf eine Bibelstelle aus dem ersten Korintherbrief hinweist: „Wir sind Glieder des Leibes Christi. Wenn ein Teil des Körpers leidet, leidet der ganze Körper mit. Deshalb sind wir mit Asia Bibi im Gebet und beim Fasten vereint."

Am 29. Januar 2019 folgt dann endlich die befreiende Nachricht: Die Richter weisen eine Revision gegen ihr Urteil vom Oktober zurück. Es sei dem Kläger „nicht gelungen, irgendeinen Fehler im Urteil des Obersten Gerichts zu Asia Bibi nachzuweisen". Damit steht Asia Bibis Ausreise von pakistanischer Seite aus nichts mehr im Wege.

„Sie ist eine freie Frau, sie kann gehen, wohin sie will", sagt Malook, der auch im Ausland unermüdlich für Bibi unterwegs ist. Nun gibt es nur noch eine verhältnismäßig kleine Hürde: Nicht die pakistanische Regierung stünde Asia Bibis Ausreise mehr im Weg, sondern Visums- und Einreisebestimmungen anderer Länder.

Am 8. Mai 2019 findet aber auch dieses diplomatische Geschacher ein Ende: Nach einem Martyrium von beinahe zehn Jahren reist Asia Bibi nach Kanada aus.

Dort lebt sie nun mit ihrer Familie an einem geheimen Ort und frohlockt: „Jesus hat mir diesen wunderbaren Tag der Freiheit geschenkt und hat mein Gebet angenommen. Ich bin so froh, mit meiner Familie zusammen sein zu können."

Dann fügt sie hinzu: „Ich möchte einem Engel danken, einer Person, die mir in meiner Gefangenschaft sehr geholfen hat: Diese Person ist Jan Figel, der EU-Sondergesandte für Religionsfreiheit. Ich bin ihm zutiefst dankbar und wünsche mir, dass Gott allen Gefangenen einen Menschen wie ihn zur Seite stellt."

Sie schließt mit einigen Worten, die unglaublich scheinen angesichts dessen, was sie durchgemacht hat: „Ich vergebe meinen Verfolgern und all jenen, die mich fälschlicherweise beschuldigten, und erhoffe mir auch deren Vergebung."

Asia Bibi möchte vergeben – aber ist Pakistan auch bereit, sich zu entschuldigen? Der *Deutsche Welle*-Redakteur Shamil Shams schreibt dazu: „Der Staat Pakistan ist in jedem Fall zu einer Entschuldigung verpflichtet. Die beste Art, sich zu entschuldigen, wäre sicherzustellen, dass kein anderer Mensch mehr Opfer dieser Blasphemie-Gesetzgebung werden kann."

Aber darauf kann Asia Bibi in nächster Zeit nicht hoffen. Auch in Kanada kommt sie nämlich zuerst nicht zur Ruhe. Nur kurze Zeit, nachdem Asia auf kanadischem Boden gelandet ist, taucht im Internet eine Hassbotschaft und Morddrohung auf. Ein *Dschihadist* kündigt darin an, die pakistanische Christin in ihrer neuen Heimat töten zu wollen: „Um Asia Bibi einen schrecklichen Tod zu bescheren und sie in die Hölle zu schicken, bin auch ich gestern Abend in Kanada angekommen", sagt der Unbekannte im Video und fügte hinzu: „Ich bin bereit, für den Propheten Mohammed zu sterben, und werde dies auch unter Beweis stellen."

Dies ist nicht die einzige Morddrohung. Der stellvertretende Chef der islamistischen Partei *Tehreek-e-Labbaik*,

Mohammad Shafiq Amini, ruft Unterstützer zu landesweiten Demonstrationen gegen die Freilassung Bibis auf. Der Freispruch sei „grausam und ungerecht". Muslime sollten sich schämen, weil Bibi nicht hingerichtet worden sei. Sie sollten den Propheten Mohammed um Vergebung bitten, „weil wir nichts tun konnten und die Gotteslästerin noch am Leben ist".

Andere Islamisten drohen damit, die Richter und Anwälte, die ihr geholfen haben, zu töten.

Saif-ul-Malook hingegen würde Asia Bibi jederzeit wieder vertreten. „Mein Leben ist zwar zerstört, aber ich habe niemals bereut, Asia Bibi verteidigt zu haben", erzählt der Anwalt dem katholischen Hilfswerk *Kirche in Not*. Er werde, auch wenn es für ihn Lebensgefahr bedeute, immer wieder Christen verteidigen, die der Gotteslästerung beschuldigt werden. „Wenn jemand meine Hilfe braucht, gebe ich meine juristische Unterstützung. Egal, welchem Glauben die Person angehört."

Dass das keine leeren Worte sind, beweist Malook nur kurze Zeit später, als er erneut ein Mandat übernimmt und Christen verteidigt: den halbseitig gelähmten Shafqat Emmanuel und seine Frau Shagufta Kausar. Sie sitzen seit 2014 im Todestrakt, weil sie den Propheten Mohammed beleidigt haben sollen.

Ein islamischer Prediger hat das Ehepaar angezeigt und behauptet, es habe ihm und anderen Muslimen blasphemische Textnachrichten auf Englisch zugesendet. Die beiden Eltern von vier Kindern sind Analphabeten und des Englischen nicht mächtig. Zudem lässt sich die als Beweismittel vorgelegte Sim-Karte nicht zweifelsfrei den Angeklagten zuordnen. Dennoch wurden sie zum Tod durch den Strang und zur Zahlung von umgerechnet 2 000 Euro verurteilt.

Als Malook seine Mandantin aufsucht, findet er sie in jener Zelle vor, in der Asia Bibi Höllenqualen erleiden musste …

12

MACHT DER FREISPRUCH RICHTERN MUT?

Die Bibliothek von Pfarrer Jadoon Masih in Lahore ist gut sortiert. Zwischen Romanen und der Bibel findet sich auch der Koran. Der Leseraum steht Christen wie auch Muslimen offen. Das wird Masih zum Verhängnis: Ein muslimischer Besucher will beobachtet haben, wie Jadoon einen Koran auf den Boden geworfen habe – für Muslime eine blasphemische Tat! Der Pfarrer wird verhaftet und kommt erst nach über zwei Jahren in Untersuchungshaft gegen Kaution frei. Dann wird die Anklage fallen gelassen.

Pfarrer Masih und sein Anwalt wissen, dass Freisprüche von der Anklage wegen Blasphemie in Pakistan sehr selten sind und gewöhnlich Gewaltaktionen islamistischer Hardliner gegen die Freigesprochenen, ihre Anwälte und die Richter provozieren.

Jedoch habe die Freilassung von Asia Bibi den Richtern „Mut gemacht", sagt Nadeem Anthony, der Anwalt des Pfarrers, dem katholischen Pressedienst *Ucanews.* Vier Christen und eine muslimische Frau konnte er in letzter Zeit erfolgreich gegen den Vorwurf der Blasphemie verteidigen.

„Christen hoffen, dass der Freispruch für Aisa Bibi ein Signal ist, andere Urteile und andere Berufungen so ausgehen zu lassen, dass die Betroffenen freigesprochen werden beziehungsweise aus dem Gefängnis kommen."

Das wünscht sich auch eine geistig behinderte Christin aus Rawalpindi. Der 14-Jährigen wird vorgeworfen, zusammen mit anderem Altpapier auch Seiten aus dem Koran beim Kochen verbrannt zu haben. Seit diesem Fall wagen viele Pakistaner nicht mehr, ihre Zeitungen zu entsorgen, in denen fast auf jeder Seite eine Sure abgedruckt ist.

Das Mädchen wird zwar gegen Kaution auf freien Fuß gesetzt, doch nicht freigesprochen. Selbst geistige Behinderungen oder psychische Erkrankungen werden bei Blasphemie nicht als mildernder Umstand anerkannt.

Solch eine Rechtsauffassung ist umso unverständlicher, als sich Mohammed selbst gar nicht eindeutig zu Blasphemie geäußert hat. Klare Anweisungen finden sich im Koran hierzu nicht. „In den *Hadithen* – den Überlieferungen zu Mohammeds exemplarischem Handeln und Äußern – sind zum Teil sehr widersprüchliche Überlieferungen zu Mohammeds Verhalten aufgeführt", erklärt die Islamwissenschaftlerin Dr. Petra Uphoff. „Nach manchen Darstellungen soll er Blasphemie mit Geduld und Vergebung begegnet sein, nach anderen Überlieferungen mit harter Hand."

Die Expertin führt zwei Beispiele aus den *Hadith*-Sammlungen an: Eine alte Frau namens Mekkah soll Mohammed in Medina regelmäßig mit Schmutz beworfen haben, wenn er ihr Haus passierte. Als sie eines Tages krank war, soll er für sie gebetet haben, woraufhin sie sich bekehrte.

Als andererseits die Dichterin Asma bint Marwan Mohammed verspottete, soll er zur Rache seiner Person aufgerufen haben. Nachts im Schlaf soll sie von einem Gefolgsmann Mohammeds erstochen worden sein.

Ähnlich erging es Dichtern in Medina und Mekka oder jüdischen Stämmen Medinas, die ihn kritisierten, sein Prophetentum anzweifelten oder ihn nicht in seinem Kampf gegen die mekkanischen Feinde unterstützten.

So kann sich die Blasphemie-Gesetzgebung letztlich nicht auf Mohammed berufen. Dennoch ist das Basisdogma des heute als „orthodox" bezeichneten Islams, dass der Allah des Korans und der Prophet Mohammed in ihrem Wirken nicht hinterfragt werden dürfen. Unbezweifelbar gilt: Der im Himmel befindliche Urkoran, die „Mutter aller Bücher", enthält den unverfälschten Willen Allahs, der Mohammed in arabischer Sprache offenbart wurde. „Eine historisch-kritische Erforschung des Korans gilt daher als Blasphemie", so Uphoff. „Die Autorität des Korans steht über jeder Autorität menschlicher Verfassungen oder anderer Gesetze, selbst wenn es um Menschenrechte geht.

Wissenschaftler islamischer Länder, die sich historisch, philologisch, semantisch, analytisch oder in irgendeiner Weise kritisch mit dem Koran auseinandersetzen, haben generell den Vorwurf der Blasphemie und Apostasie zu fürchten. Verschiedene fundamentalistische Bewegungen bekämpfen jegliche Art des Nachdenkens über den Islam oder textkritische Untersuchungen des Korans. Ihrer Meinung nach kann dieses vor knapp 1.400 Jahren direkt aus dem Himmel gekommene Buch der Bücher keine menschliche Entstehungs- bzw. Entwicklungsgeschichte kennen."

Warum die Blasphemie-Gesetze in Pakistan so oft missbraucht werden, erklärt Erzbischof Shaw in Lahore so: „Der Islam sei in Gefahr – dieses diffuse Gefühl empfinden gegenwärtig die Muslime in Pakistan."

Islamwissenschaftler Christoph Marcinkowski bestätigt diese Beobachtung: „Die Menschen in Pakistan sind seit mehr als zwei Jahrzehnten entsprechender Propaganda fundamentalistischer Muslime ausgesetzt." Weiterhin erklärt der Menschenrechtsreferent des katholischen Hilfswerks *Missio*: „Die breite Masse der einfachen Menschen besitzt wenig Bildung. Sie erfahren schon als Kinder in Schulbüchern nur Vorurteile und Ressentiments gegenüber Christen und anderen Minderheiten."

Dieses diffuse Gefühl der Bedrohung und eines Identitätsverlustes der breiten muslimischen Masse sucht sich dann ein Ventil – Christen und andere Minderheiten werden zu Sündenböcken. Diese Massen sind verführbar.

„Es ist eine Art kulturelle Atmosphäre und Mentalität

entstanden, in der Konflikte und Alltagsprobleme mit Christen, anderen Minderheiten und anderen Muslimen dadurch gelöst werden, dass man sie der angeblichen Beleidigung des Propheten Mohammed beschuldigt", erklärt ein Mitarbeiter der *Hilfsaktion Märtyrerkirche* (*HMK*), der hautnah den Fall des jungen Kazim* erlebt hat.

Nach zwölf Stunden Feldarbeit in brütender Hitze war Kazim nach Hause geeilt, wo ihn ein schnelles Abendessen erwartete. Anschließend schnappte er sich seine Bibel und schwang sich auf sein Fahrrad in Richtung des nächstgelegenen Dorfes. Das war sein Alltag: Tagsüber arbeitete Kazim auf dem Feld und des Nachts als Evangelist.

Doch als Kazim an diesem Abend mit dem Fahrrad zum Markt fuhr, hielt ihn ein Dorfältester an: Muhammad Shafiq* war verärgert darüber, dass Kazim im Namen Jesu für Muslime betete. „Unser Prophet Mohammed ist der wahre Prophet und euer Prophet (Jesus Christus) ist ein Lügner!", stieß er hervor. Kazim antwortete: „Jesus Christus ist der wahre und lebendige Gott. Ihn bete ich an und seine Botschaft gebe ich weiter."

Erzürnt über diese Antwort stachelte Shafiq andere fanatische Muslime gegen Kazim auf. Wenige Abende später schritten die Muslime zur Tat.

„Ich nahm gerade meine Bibel, um mich auf den Weg ins nächste Dorf zu machen. Doch Shafiq und seine Männer lauerten mir auf. Sie brachten mich in den Wald, wo sie mich acht Nächte lang dazu zwangen, Holz zu fällen", berichtet Kazim. „Immer wenn ich mich ausruhen wollte, verprügelten sie mich. Sie versuchten, mich mit Gewalt dazu zu bringen, meinen Jesus zu verleugnen. Aber ich weigerte mich. Der Geist Gottes gab mir die Kraft dazu."

Nachdem seine Peiniger frustriert einsehen mussten, dass er seinem Glauben nicht abschwörte, ließen sie ihn vorläufig wieder frei.

Eines Abends, Kazim bereitete sich gerade wieder für seine nächtliche Evangelisation vor, trat ihm erneut Shafiq mit vier weiteren Muslimen in den Weg. Der Dorfälteste zog eine Pistole und richtete sie auf Kazim: „Ich werde dich erschießen, wenn du heute nicht den Propheten Mohammed als den wahren Propheten anerkennst!"

Ruhig antwortete ihm Kazim: „Das kann ich nicht. Wenn du mich erschießen willst, dann bitte. Aber denk daran: Sollte dein Tun nicht dem Willen Gottes entsprechen, dann darfst du das nicht."

Anstatt den Abzug zu drücken, ließ Shafiq langsam seine Waffe sinken – und rief die Polizei. Er verlangte, dass sie ihn verhafteten. Sie sollten „so lange auf ihn einprügeln, bis er zum Islam übertritt". Seine Forderung unterstrich er mit einer Summe Schmiergeld. Außerdem behauptete er, Kazim hätte ihn überfallen.

Die Polizisten brachten Kazim auf die Polizeistation. Zwei Wochen lang misshandelten sie ihn täglich. Sie fesselten seine Hände auf dem Rücken, schlugen seine Fußsohlen und schleiften ihn an seinem Bart über den schmutzigen Fußboden. „Sie sagten: ‚Der Prophet Mohammed trug einen Bart. Wie kannst du es wagen, deinen

Jesus mit unserem Propheten zu vergleichen?!'", erinnert sich Kazim. „Sie machten sich über mich lustig."

Die Polizisten rissen ihm die Kleider vom Leib und schlugen ihn mit einem Lederriemen. Jeden Tag boten sie ihm die Freiheit an, sollte er sich zum Islam bekennen. Jeden Tag weigerte er sich. Nach 13 Tagen wurde den Polizisten klar, dass Kazim nicht nachgeben würde. Also registrierten sie den erlogenen Raubüberfall und schickten ihn ins Bezirksgefängnis.

Durch die Misshandlungen war Kazim ausgelaugt und völlig erschöpft. Er konnte nicht mehr sprechen. Starke Schmerzen plagten ihn. Obwohl körperlich am Ende, blieb sein Glaube ungebrochen. Er fühlte tiefen Frieden in seinem Herzen. Fest hielt er seine Bibel umklammert, die ihm während der ganzen Zeit nicht abgenommen worden war. Doch er konnte sie nicht lesen. Seine Augen waren von den Schlägen zugeschwollen. Ein anderer Gefangener musste ihm vorlesen. Gemeinsam beteten sie.

Vier Monate nach seiner Verhaftung wurde Kazim auf Kaution freigelassen. Als er und seine Frau, die ihn im Bezirksgefängnis versorgt und sich ansonsten bei Vertretern einer christlichen Hilfsorganisation versteckt gehalten hatte, wieder nach Hause zurückkehrten, erwartete sie eine böse Überraschung: Muhammad Shafiq, der Dorfälteste, war in ihr Haus eingezogen. Er benutzte ihre Sachen und betrachtete ihr Vieh als sein Eigentum. Wieder bedrohte er Kazim: „Wenn ihr nicht augenblicklich aus dem Dorf verschwindet, erschieße ich dich und deine Frau!"

Mit umgerechnet nur 1,50 Euro in der Tasche flohen die beiden. Sie musste ihr gesamtes Hab und Gut zurücklassen. Ihre Freunde weigerten sich, sie bei sich aufzunehmen. Sie hatten Angst vor dem einflussreichen Dorfältesten Muhammad Shafiq. Trotzdem verließ Kazim nicht der Mut. „Ich wusste, dass Gott sich um uns kümmern würde. Ich wusste nur nicht, wie", erklärte er.

Kazim flüchtete mit seiner Frau in ein anderes Dorf, in dem ein Mann sie bei sich aufnahm. Dieser „barmherzige Samariter" gab ihnen Essen, Kleidung und ein Dach über dem Kopf, bis sie sich wieder selbst versorgen konnten. Dort haben sie sich ein neues Leben aufgebaut und gehen weiter regelmäßig in die Kirche.

*Namen aus Sicherheitsgründen geändert

13

SCHULFACH HASS

Der Tatort liegt gegenüber einem Hühnerimbiss in der Jamshed Road in Karatschi. Hier wurde am 30. Mai 2004 Nizamuddin Schamzai von Unbekannten erschossen. Der radikal-islamische Rechtsgelehrte war Direktor der *Binori Town Madrasa*, eines Zentrums der pakistanischen *Taliban*.

Der weißbärtige Rechtsgelehrte ist tot, seine Überzeugungen aber leben weiter. Die Koranschulen seien Brutstätten des „gewalttätigen Extremismus" – so die *International Crisis Group* (*ICG*), eine der weltweit einflussreichsten Denkfabriken mit Hauptsitz in Brüssel. Laut der *ICG*, die als Nichtregierungsorganisation Analysen und Lösungsvorschläge zu internationalen Konflikten liefert, ist Karatschi ein Zentrum des radikalen Islamismus.

Pakistan ist neben Afghanistan das einzige südasiatische Land mit verpflichtender islamischer Bildung, die andere Religionen vom Lehrplan ausschließt. Der Islam war bereits Gründungsprinzip des Staats, in dessen Verfassung es in Artikel 2 heißt: „Die Souveränität über das gesamte Universum liegt bei Allah dem Allmächtigen allein, und die Autorität, die ER dem Staat Pakistan überantwortet hat, damit sie durch das Volk im Rahmen der von IHM festgelegten Grenzen ausgeübt werde, ist ein heiliges Vermächtnis."

„Vom Kindergarten bis zum Ende der Schullaufbahn werden in allen Fächern nur islamgeprägte Inhalte unterrichtet", sagt Father Nisar Barkat von der *Kommission für Gerechtigkeit und Frieden* in der Diözese Faisalabad. „Es wird so dargestellt, als sei das Land nur für Muslime bestimmt."

Besonders seit den 1970er-Jahren wird in pakistanischen Schullehrbüchern der Hass gegenüber Nichtmuslimen propagiert.

„Im pakistanischen Bildungssystem werden nicht Dichter oder Heilige, sondern Waffen schwingende Krieger verehrt", so Mohammad Tahseen, Gründer von *South Asia Partnership Pakistan* (*SAP-PK*) .

In allen der genehmigten Schulbücher werde der *Dschihad* als notwendiger Kampf gegen die Ungläubigen gepriesen, heißt es in einer Studie der *United States Commission in International Religious Freedom* (*USCIRF*). 80 Prozent der Lehrer erklärten laut einer *USCIRF*-Untersuchung, dass jeder Nichtmuslim ein „Feind des Islam" sei und der gewalttätige *Dschihad* eine Pflicht jedes Muslims. Zudem spricht sich die Hälfte der Lehrer an öffentlichen Schulen dagegen aus, mit Nichtmuslimen zu essen. Das färbt auf die Schüler ab: Unter ihnen weigern sich fast alle, ihr

Mittagessen mit einem Nichtmuslim einzunehmen. „Die muslimische Mehrheit ist nicht bereit, die religiöse Identität von andersgläubigen Schülern zu akzeptieren", so die pakistanische *Gesellschaft für Lehrer von Minderheiten*, die schon lange darüber klagt, dass nicht muslimische Schüler immer wieder Opfer von gewaltsamen Übergriffen werden. Auch christliche Lehrer sind nicht gleichberechtigt.

Eine 40-seitige Studie der Menschenrechtsgruppe *Nationale Kommission für Gerechtigkeit und Frieden* bekräftigt diese alarmierenden Ergebnisse: Lehrpläne, die in allen vier pakistanischen Provinzen benutzt werden, seien für den Anstieg von Gewalt, religiösem Fanatismus und Extremismus mitverantwortlich.

Nach Einschätzung des pakistanischen Forschungsinstituts *Ipri* gibt es in Pakistan etwa 10 000 Koranschulen – *Madrassen* – mit mehr als 1,5 Millionen Schülern. Die Hilfsorganisation *Open Doors* schätzt ihre Zahl sogar auf 35.000. Genau weiß das niemand. Denn allein der Versuch, die *Madrassen* im Land in einer Liste zu verzeichnen, wird als Angriff auf den Islam gewertet, von Überwachung und Steuerung gar nicht zu reden. Die Behörden wissen meist nicht, was hinter den Mauern der Koranschulen geschieht, und die Anstachelung zum Hass und zur Intoleranz gegen Nichtmuslime in Form von Hassreden kann ungehindert betrieben werden. Besonders intensiv geschieht das laut *Open Doors* in den etwa 11 000 *Madrassen*, die dem ultrakonservativen *Deobandi*-Islam folgen, der eine wortgetreue Auslegung des Koran predigt.

Im Zentrum des *deobandistischen* Denkens steht die Rück-
besinnung auf einen ursprünglichen, von fremden Einflüssen
befreiten Islam. Gegründet wurde die Schule 1866 unter dem
Einfluss des gescheiterten Aufstandes gegen die britische Ko-
lonialherrschaft. Hindus und Muslime hatten 1857 gegen die
britische Ostindiengesellschaft die Waffen erhoben. In muslimischen Kreisen gab man der kulturellen Durchmischung die
Schuld an der Niederlage. Die habe nicht westliche Regime wie
die bis 1857 bestehende Mogul-Dynastie geschwächt. Nur der
reine Glaube könne zu politischer Autonomie zurückführen.

Auch die *Taliban* gehören zur *Deobandi*-Bewegung. Ihr
Islamverständnis ist geprägt von Intoleranz gegenüber
jeglichen Abweichlern: Wer keinen Bart trage, so heißt es
z. B. in dem von *Deobandi*-Vertretern verbreiteten Büch-
lein *„Lessons in Islam"*, der könne kein guter Muslim sein.

Die Bärte der Menschen seien zwar länger geworden,
aber die Menschlichkeit verschwinde aus der Gesellschaft,
klagt der Abgeordnete Asma Bukhari gegenüber dem
christlichen Medienmagazin *Pro*.

Mit ihrem radikalen Monotheismus ähneln die *Deoban-
dis* den *Wahhabiten* in Saudi-Arabien, die den Anspruch
erheben, die einzig reine Form des Islam zu lehren, und
alle anderen Strömungen strikt ablehnen. Von den Golf-
staaten fließen die meisten Spenden für die *Madrassen*.
WikiLeaks-Dokumente, die in der pakistanischen Zeitung

Dawn veröffentlicht wurden, enthüllen, dass die Summen weitaus höher sind als bislang vermutet und dass damit der religiöse Radikalismus in zuvor gemäßigten Regionen Pakistans gefördert wird. Die einheimischen *Madrassen*-Schüler müssen keine Gebühren zahlen – weder fürs Essen noch für die Unterbringung oder den Unterricht. Das macht sie zu einem Magneten für Kinder armer Familien, von denen viele sonst Analphabeten blieben.

In einem Staat, der sich zwar Atomwaffen leistet, aber kein funktionierendes Schulsystem hat, sind 57 Prozent der pakistanischen Bevölkerung Analphabeten; unter den Frauen können sogar 80 Prozent weder lesen noch schreiben. Hinzu kommt die weitverbreitete Armut. Die Regierung spricht von einem Anteil der Armen von über dreißig Prozent, die *Vereinten Nationen* von mehr als vierzig Prozent.

Den WikiLeaks-Dokumenten zufolge wird die sich verschlimmernde Armut in bestimmen Provinzen ausgenutzt, um Kinder in das wachsende *Deobandi-Madrassa*-Netzwerk zu rekrutieren und sie mit der *Dschihad*-Philosophie zu indoktrinieren. *Deobandi*-Rechtsgelehrte würden zunächst die Eltern davon überzeugen, dass ihre Armut eine direkte Folge ihres Abweichens vom „wahren Weg des Islam" sei. Der schnellste Weg, dies wiedergutzumachen, sei es, das Leben eines oder zwei ihrer Söhne dem Islam zu widmen. Die Rechtsgelehrten bieten an, diese Kinder in einer *Madrassa* zu erziehen.

Im Zuge dieser Werbung werde auch über das „Märtyrertum" gesprochen und der Familie versprochen, dass sowohl die Söhne als auch die Familie „Erlösung" erlangten, wenn ihre Söhne „Märtyrer" würden. Um die Familie für ihr „Opfer" für den Islam zu entschädigen, erhielten sie rund 6.500 Dollar pro Sohn. Der Betrag hänge vom Alter des betroffenen Kindes ab. Jüngere Kinder (zwischen 8 und 12 Jahren) würden bevorzugt.

Keine der Religionsschulen Pakistans lässt sich auf den ersten Blick als Hort fundamentalistischer Umtriebe erkennen. Tatsache aber ist, dass ein Teil der Koranschulen genau das ist: Brutstätten des *Dschihadismus*, die mit ihrer radikalen Auslegung des Islam Gotteskrieger und Selbstmordattentäter heranziehen. Die *Madrassas* bieten eine fast ausschließlich religiöse Erziehung und stimmen die Schüler oft auf den „Heiligen Krieg" ein.

Das gilt vor allem für die traditionellen Koranschulen, in denen Mädchen außen vor bleiben. Inzwischen gibt es aber auch reine Mädchen-Koranschulen, in welche die Töchter geschickt werden, weil es in vielen Dörfern keine weiterführende Schule für Mädchen gibt. Zudem ist in den Koranschulen die Tugendhaftigkeit der Mädchen gewährleistet. Das ist wichtig für die Ehre der Familie in der pakistanischen Gesellschaft, die immer konservativer und restriktiver wird. Sogar Frauen der Ober- und Mittelschicht, die früher eine eher liberale Einstellung hatten, wenden sich nun orthodoxeren Formen des Islams zu. Denn in einer Gesellschaft, die sich offiziell dem Islam verschrieben hat, bringt strenge Religiosität Status und moralische Oberhoheit.

Zwar stehen auch Englisch sowie Mathematik und sogar auch Computerklassen auf dem Lehrplan. Doch vor allem lernen die Schüler den Koran auswendig, studieren die *Hadithe*, die Überlieferungen über den Propheten Mohammed, und die *Sharia*, das islamisches Recht.

Bei all dem werden die Schüler und Schülerinnen radikalislamisch indoktriniert.

Wie weit die Hetze reicht, erklärt Wilson Chowdhry, Vorsitzender der *British Pakistani Christian Association*: „Aufgrund des nationalen Lehrplans lehren voreingenommene und unehrliche Imame, es gebe einen besonderen Platz im Himmel für diejenigen, die christliche Mädchen vergewaltigten und bekehrten; viele davon betrachten deshalb Frauen dieser Minderheit als Kriegsbeute."

Chowdhry zufolge zeigen „Statistiken – obwohl Zwangsverheiratung im Jahr 2017 für illegal erklärt wurde –, dass jedes Jahr mehr als 700 christliche Mädchen entführt, vergewaltigt und in eine islamische Ehe gezwungen werden. Und es gibt keine Anzeichen, dass es weniger werden."

Die Saat für ein solches Verhalten wird in den größtenteils schon seit Jahrzehnten verwendeten Schulbüchern gelegt. Dort werden „Ungläubige" nur in jeweils einer von drei Kategorien dargestellt: *Kafir*, *Dhimmis* und *Murtids*.

Ein *Kafir* (im Plural *Kuffar*) ist ein von Allah gehasster

Menschentyp; ein Nichtmuslim. Das Wort *Kafir* wurde von Mohammed selbst verwendet. Der Hass in diesem Wort ist demnach heilig.

Kuffar leben in nicht muslimischen, also „feindlichen" Ländern und können versklavt, vergewaltigt, betrogen, terrorisiert und gedemütigt werden, bis sie zum Islam übertreten. Im schlimmsten Fall werden sie geköpft.

Bei *Dhimmis* handelt es sich um Nichtmuslime, die unter islamischer Herrschaft leben. Sie haben gewisse Rechte und Pflichten. Folgende Verhaltensweisen gehören zu den zu erfüllenden Pflichten: Verzicht auf Angriffe oder Beleidigungen des Korans, des Propheten und des Islam überhaupt, Verbot der Berührung oder Heirat einer Muslima, Bedrohung des Lebens oder Eigentums eines Muslims, Verzicht der Missionierung eines Muslims und Verzicht auf jegliche Hilfe für die Feinde der Muslime.

Als *Murtids* werden ehemalige Muslime bezeichnet, die sich vom Islam abgewandt haben. Ihnen kann eine dreitägige Frist gewährt werden, um zum Islam zurückzukehren; falls nicht, werden sie getötet. Tötet sie etwa jemand bereits vor Ablauf der Frist, geht er straffrei aus.

Wie fundamentalistische Überzeugungen fortleben, zeigt ein Bildwörterbuch, mit dem Schulanfänger das *Urdu*-Alphabet lernen. „Dort steht A für *Allah*, B für *Banduq* – Gewehr, te für *takrau* – Kollision. Das Bild dazu zeigt die Flugzeuge, die das *World Trade Center* rammten. Dsche steht für *Dschihad*", erklärt Pervez Hoodbhoy, Autor der Buches „*What Are They Teaching In Pakistani*

Schools Today?" („Was wird in Pakistans Schulbüchern gelehrt?"). „Der Buchstabe zed steht für *zanub*, den Plural des Wortes ‚Sünde': Es ist eine Sünde fernzusehen, Musik zu hören … – selbst Schachspielen ist eine Sünde."

Dazu passt, was Salman Ansari, der in den Fünfzigerjahren in Lahore aufwuchs, bei einem Besuch 2017 erlebte und in der *FAZ am Sonntag* so beschreibt: „Mein Neffe und ich waren an diesem Tag bei Nachbarn eingeladen."

Der Gastgeber sei ein in Kanada ausgebildeter Akademiker gewesen. „Ich konnte die Züge seines Gesichtes nicht genau erkennen."

Es war bedeckt mit einem wuchtigen Bart. Seine Frau blieb unsichtbar. Er bewohnte ein nach westlichen Vorbildern gebautes Haus. Die Einrichtungsgegenstände im Inneren waren ebenfalls westlicher Prägung. Seine Töchter, drei und vier Jahre alt, besuchten bereits eine Vorschule. Dort wurden sie auch im Fach „Islamkunde" unterrichtet. Bevor diese Kinder Lesen und Schreiben lernen konnten, konfrontierte man sie bereits mit religiösen Kategorien. Diese Kinder entdeckten die Welt nicht nach eigenen Maßstäben, sondern nach fremden.

Eigenständige Erfahrungen wurden durch religiöse Konzepte verdunkelt, die naturgemäß außerhalb ihres sinnlichen und kognitiven Erfassungsvermögens lagen. „Vielleicht werden sie eines Tages den gesamten Koran auf Arabisch auswendig rezitieren können, ohne auch nur ein Wort zu verstehen", ist Salman Ansari überzeugt. Befremdet stellte Ansari fest: „Der Vater dieser Kinder versuchte, meinen Neffen, der Musiker ist und täglich viele Stunden Gitarre übt, davon zu überzeugen, dass Musik *haram* sei, also verboten."

„Die Schulbücher, insbesondere jene der Geschichte Pakistans, aber auch die Bücher für andere Fächer, die nichts direkt mit Religion zu tun haben, etwa Biologie, Physik und andere, haben immer eine islamistische Konnotation: Sie sind geleitet von einer Ideologie, die die gegenwärtige fanatische Kultur in der Nation geschaffen hat", erklärt Mobeen Shahid, Dozent für islamische Religion an der Päpstlichen Lateranuniversität in Rom. Ein Beispiel ist laut einer *USCIRF*-Studie ein Geschichtsbuch, in dem auf Seite 85 steht: „Die Engländer übernahmen die Macht von den Muslimen in Pakistan, weil sie diese als wahre Feinde ansahen."

Die Briten hätten den Muslimen alle Möglichkeiten auf Bildung verbaut und sie so zum kämpferischen Widerstand aufgefordert. „Christliche Pastoren haben mit Gewalt Menschen zum Christentum bekehrt", heißt es weiter.

Zudem wird in den Schulbüchern die problematische Sure 9,5 kommentarlos wiedergegeben: „… erschlagt die Frevler, wo ihr sie findet, und packt sie und belagert sie und lauert ihnen in jedem Hinterhalt auf!"

Was die Autoren der Studie besonders beunruhigt, ist die Tatsache, dass der gewaltsame Kampf gegen Ungläubige als eine Pflicht des Einzelnen im Rahmen seiner Gottesfurcht vermittelt wird. Es ist nicht die Rede davon, dass die Entscheidung über einen Krieg von einem Staat gefällt werden muss. „In allen analysierten Schulbüchern", so der *USCIRF*-Report, „wird dem Schüler eine Welt präsentiert, in der Konzepte wie Nation, Verfassung, Rechtsstaatlichkeit, stehende Heere oder multilaterale Organisationen – außer, wo sie von der islamischen Glaubenslehre oder vom Gesetz der *Scharia* vorgeschrieben wird – nicht existieren."

Die international ausgezeichnete pakistanische Historikerin Ayesha Jalal, die an der renommierten Tufts University in den USA lehrt, hat große Vorbehalte gegenüber pakistanischen Geschichtslehrbüchern. „Durch die Propagierung von Konzepten wie dem *Dschihad*, der Minderwertigkeit von Nichtmuslimen und der Feindschaft zwischen Indien und Pakistan fördern die von allen staatlichen Schulen benutzten Lehrbuchpublikationen eine fortschritts- und aufklärungsfeindliche Denkweise."

Ein Beispiel dafür beschreibt die Geschäftsführerin der Menschenrechtsgruppe *Cecil Shane Chaudhry* gegenüber der Nachrichtenseite *Asia News*. Als sie sechs Jahre alt war, las sie in einem Schulbuch etwas über ihren Vater Cecil Chaudhry. Der Christ und hochdekorierte Pilot und Leutnant hatte sich 1965 im indisch-pakistanischen Krieg durch besondere Tapferkeit ausgezeichnet.

„Ich war damals sehr stolz darauf", so die Tochter. „Später, als ich die Hochschule besuchte, war der Name meines Vaters wie der anderer nicht muslimischer Helden aus den Schulbüchern verschwunden. Da schrillten bei mir die Alarmglocken", so Chaudhry. „Es geht nicht ausschließlich um religiöse Minderheiten. Es ist ein Thema von nationaler Tragweite."

Auch in nicht religiösen Unterrichtsfächern wird die Geringschätzung für alle Religionen außer dem Islam vermittelt – zum Beispiel in Aufsatzthemen wie: „Schreibe deinem Freund einen Brief und lade ihn ein, zum Islam überzutreten".

Die meisten christlichen Kinder fühlen sich bereits früh dazu gedrängt, zum Islam „zurückzukehren", weswegen ihnen die Eltern grundsätzlich verbieten, mit nicht christlichen Kindern über ihren Glauben zu reden …

Wie Christen noch diskriminiert werden, erklärt der ehemalige Bischof von Faisalabad, Joseph Cottus: „In Studienfächern, für die ein bestimmter Notendurchschnitt verlangt wird, können muslimische Schüler durch den Besuch des Koranunterrichts Extrapunkte sammeln und werden dann an der Universität aufgenommen. Christen haben diese Möglichkeit natürlich nicht."

Ein christlicher Name reicht bisweilen aus, damit ein Kandidat nicht zum Studium zugelassen werde. „Viele Eltern geben ihren Kindern deshalb islamische Namen, sodass sie nicht als Christen hervortreten und zu potenziellen Zielen für Diskriminierung in Grund- oder Mittelschulen oder auf College-Ebene werden", sagte Bischof Samson Shukardin von Hyderabad gegenüber dem Hilfswerk *Kirche in Not*. In vielen Fällen würden christliche Schüler in öffentlichen Schulen missbraucht.

Eine große Zahl an Mädchen aus christlichen Familien

wurde bereits von ihren Eltern getrennt und als Sklavinnen gehalten. Nicht selten dienen sie als Zahlungsmittel für Schulden und werden gezwungen, zum Islam zu konvertieren. Nach Schätzung der Organisation *South Asia Partnership* werden in dem südasiatischen Land jedes Jahr 1000 meist minderjährige und verarmte Mädchen aus christlichen Familien verschleppt, zum Islam zwangskonvertiert und verheiratet.

Eine starke Zunahme sieht Muhammad Amir Rana, Direktor des *Pakistan Institute for Peace Studies*, auch bei religiösen Organisationen, deren Daseinszweck sich gegen religiöse Minderheiten richtet. Von 247 aktuell tätigen Organisationen hätten 84 eine rein konfessionelle Agenda. Diese Gruppen beeinflussten zunehmend den politischen Mainstream. Dies führte u. a. dazu, dass die Regierung das christliche *Edwardes College* der Provinz Khyber PakhthunKhwa verstaatlichen will.

„Die christlichen Kirchen leisten hervorragende Arbeit für die Entwicklung des Landes. Wir wollen weiterhin an der Verbesserung der Gesellschaft arbeiten, insbesondere im Bildungsbereich. Wir verurteilen die Entscheidung und appellieren an die Regierung, den Verstaatlichungsbeschluss des *Edwardes College* aufzuheben", fordert Joseph Arshad, Erzbischof von Islamabad-Rawalpindi.

Dass die Regierung dazu bereit ist und zudem entschieden gegen Extremismus vorgeht, hält die *International Crisis Group* für unwahrscheinlich. „Welche Maßnahmen auch immer bisher gegen den Extremismus ergriffen

wurden", so ihr Bericht mit dem Titel „Unerfüllte Ver-
sprechen" (*„Unfulfilled Promises: Pakistan's Failure to Tackle
Extremism"*), „sie waren weitgehend kosmetisch und dien-
ten dazu, den internationalen Druck zu verringern."

Auch viele Geistliche fordern seit Jahren Reformen im
Bildungssektor. Allen voran Bischof Irfan Jamil. Im Emp-
fangsbüro des Oberhaupts der anglikanischen Diözese von
Lahore steht eine pakistanische Flagge. „Die Jugend des
Landes", so der Bischof, „muss daran erinnert werden,
dass der weiße Streifen in der pakistanischen Flagge für
religiöse Minderheiten steht und ein Symbol für das Bekenntnis zur Gleichheit ist."

14

ERSCHÜTTERNDES LEID – UNGLAUBLICHES GOTTVERTRAUEN

Ein Mitarbeiter der christlichen Hilfsorganisation *HMK* berichtet nach seiner Rückkehr aus Pakistan über seine Begegnungen, Erlebnisse und Eindrücke:

Der Fall von Asia Bibi ist gerade in aller Munde. Aus den Medien weiß man, dass dieses muslimische Land ein hartes Pflaster ist. Hattest du keine Angst auf deiner Reise?
In Pakistan unterwegs zu sein, ist immer ein bisschen anstrengend, nicht zuletzt weil es auch nicht ungefährlich ist. Ich habe in erster Linie Sidra*, eine christliche Anwältin besucht, die sich für unschuldig angeklagte Christen einsetzt. In diesem Zusammenhang habe ich eine Familie besucht, die unter starken Anfeindungen und Bedrohungen in ihrem Viertel eine Gemeinde aufbaut. Ihr Mut und ihr Eifer für Gott haben mich sehr beeindruckt.

Inwiefern kann denn eine Anwältin pakistanischen Christen helfen – wenn man bedenkt, dass sie als Menschen zweiter Klasse gelten? Haben sie überhaupt Rechte? In den Medien wird ja immer wieder davon berichtet, wie Christen beinahe willkürlich der Blasphemie angeklagt und ins Gefängnis gebracht werden.

An sich hat Pakistan ein funktionierendes Rechtssystem. Es gibt Regeln und Gesetze, an die man sich zu halten hat – und auf die man sich auch berufen kann, wenn man beispielsweise zu Unrecht angeklagt wurde. Auch Christen haben laut Verfassung Rechte. Doch dabei gibt es einige Probleme. Zum Beispiel gibt es ein Gesetz, das die Beleidigung des Propheten Mohammed (Blasphemie, Anm. d. Red.) unter Todesstrafe stellt. Ein bekennender Christ, der von der Liebe Gottes übersprudelt, muss sehr aufpassen, dieses Gesetz nicht versehentlich zu übertreten, denn „Beleidigung" ist ein sehr dehnbarer Begriff. Hinzu kommt: Verstöße gegen dieses Gesetz lassen sich nur schwer nachweisen und ebenso schwer widerlegen. Das macht es für die Richter schwierig und für Muslime verlockend, Christen wegen anderer Streitigkeiten grundlos der Blasphemie zu beschuldigen. Das geschieht leider sehr häufig.

Außerdem gehören Christen in Pakistan zur untersten Gesellschaftsschicht, sie sind häufig arm und können sich keinen Anwalt leisten. Obwohl sie unschuldig sind, haben sie fast keine Chance, einem negativen Urteil zu entgehen. Wir haben schon seit langer Zeit Kontakt zu Sidra. Sie begleitet unschuldig angeklagte Christen in Gerichtsverfahren und kann sie – Gott sei Dank! – häufig erfolgreich verteidigen. Für viele unschuldig angeklagte Christen ist die Anwältin Sidra die letzte Hoffnung.

Kannst du ein bisschen mehr über die Christen berichten, denen sie hilft?
Gern. Sie verteidigt jährlich etwa 30 bis 40 Christen, für die sie oft die letzte Hoffnung auf Rettung ist. Einige von ihnen sind extra angereist, um mich kennenzulernen. Einer davon ist Amjad*. Er und seine Frau haben sechs Kinder. Er hat mir von seiner 13-jährigen Tochter Rue* berichtet. Im Januar wurde sie von skrupellosen Männern einer reichen und einflussreichen Familie entführt. Erst im Februar wurde der Fall registriert, aber auch da unternahm die Polizei noch nicht das Geringste. Ende Februar wurde ihm und seiner Frau per Gerichtsbescheid mitgeteilt, dass ihre Tochter sich zum Islam bekehrt hätte und inzwischen geheiratet habe. Als ich dort war, hatten sie Rue schon seit vier Monaten nicht mehr gesehen und nichts von ihr gehört.

Ein anderer Mann erzählte mir von seinem 16-jährigen geistig behinderten Sohn Faizan*, der schon immer ein begeisterter Cricket-Spieler war. Zuletzt war er Kapitän eines Teams geworden, das viele Pokale und durch Sportwetten auch Geld gewonnen hatte. Damit zog er leider auch den Neid einiger muslimischer Spieler und Fans auf sich.

Als Faizans Handy nicht mehr funktionierte, brachte er es in ein Handyfachgeschäft – das dem Bruder eines Ge-

genspielers gehört. Dieser veröffentlichte dann mit Faizans Handy in dessen Namen Witze über den Islam. Kurze Zeit später kam ein aufgewühlter Mob ins Dorf, griff wahllos Christen an und brannte ihre Häuser nieder. Faizans Mutter warnte ihn, er solle nicht nach Hause kommen, sondern zu seiner Schwester flüchten. Doch der Pastor des Dorfes sagte zu ihnen: „Wenn ihr Faizan nicht ausliefert, wird noch das ganze Dorf von den wütenden Muslimen angezündet!" So waren sie gezwungen, Faizan der Polizei auszuliefern. Er ist nun seit zwei Jahren eingesperrt. Alle zwei Wochen dürfen seine Eltern ihn für ein paar Minuten treffen.

Ein weiterer Mann, Ayaan*, berichtete, was ihm und seiner Familie zugestoßen war: Er arbeitet als Sandlieferant in einem Dorf, ca. 100 Kilometer von der Hauptstadt Lahore entfernt. Eines Tages bekam er einen profitablen Auftrag. Das verärgerte einen muslimischen Nachbarn sehr. Er fand, er hätte es verdient gehabt, diesen Auftrag zu bekommen. Um sich zu rächen, behauptete er, Ayaan hätte den Koran zerrissen. Flankiert von einigen Polizisten kam er zu Ayaans Haus. Als Ayaan die Männer kommen sah, rannte er in eine nahe gelegene Kirche und versteckte sich. Doch kurze Zeit später erfuhr er Ungeheuerliches: Nachdem er nicht zu finden gewesen war, hatten die Polizisten seine Frau, seine Kinder, Neffen und Nichten – 11 unschuldige Menschen – brutal zusammengeschlagen. Um Schlimmeres zu verhindern, stellte sich Ayaan der Polizei. In Gefangenschaft wurde er brutal gefoltert.

Einige Zeit später kam Sidra zu ihm ins Gefängnis und nahm sich seines Falles an. Sie schaffte es, ihn auf Kaution freizubekommen und holte ihn ab. Doch in dieser Zeit hatte ein aufgebrachter Mob Ayaans 6-jährige Tochter in den Dorfbrunnen geworfen, wo sie ertrank. Mit Sidras Hilfe, so berichtete er, konnte er mit dem Rest seiner Familie drei Jahre lang in einem Schutzhaus unterkommen. Danach kehrten sie in ihr Dorf zurück, wo er seither in einer Ziegelei arbeitet. Doch das Etikett des „Gotteslästerers", das ihm zu Unrecht anhaftet, zerstört noch immer weiter ihr Leben. „Meine Kinder können nicht zur Schule gehen", sagte er. „Als Kinder eines ‚Gotteslästerers' würden sie von ihren Mitschülern und Lehrern jeden Tag gemobbt und verprügelt werden."

Die Geschichten, die man hört, und das Leid, dem die Christen nur wegen ihres Glaubens ausgesetzt sind, sind manchmal kaum zu ertragen. Aber genau aus diesem Grund gibt es die christliche Hilfsorganisation *HMK* ja. Diesen drei Männern, von denen ich eben erzählt habe, konnten wir als Geschwister im Glauben in ihrer schwierigen Situation beistehen.

In ihrem Leben hat sich durch unser Zutun etwas zum Guten verändert. Sidra erzählte mir: Als sie gehört haben, dass Hilfe aus Deutschland kommt, hat sich ein Strahlen auf ihren Gesichtern ausgebreitet. Die Männer waren so dankbar.

Wie gehst du persönlich damit um, wenn du mit solchen Geschichten konfrontiert bist?

Eine Sache fällt mir im Miteinander mit verfolgten Christen immer wieder auf: Ihre Schicksale sind erschreckend, ihr Leid groß. Manchmal kann man nicht anders als mitzuweinen. Aber gleichzeitig sind ihr Glaube und ihr Gottvertrauen unglaublich! Ayaan, dessen 6-jährige Tochter in den Brunnen geworfen wurde, hat zum Beispiel beschlossen, keine Anzeige zu erstatten, sondern die Sache an Gott abzugeben. Er meinte das völlig ernst und vertraut darauf, dass Gott sich als himmlischer Richter der Sache annehmen wird. An dieser Stelle ist mir bewusst geworden: Gott kann Leid tragen, das sonst kein Mensch tragen kann. Er nimmt uns unsere Last ab. Und mir wurde klar: Wenn er Ayaans Last tragen kann, dann kann er auch meine tragen.

Ebenso hat mich der Glaube einer jungen Pastorenfamilie beeindruckt: Die Familie besteht aus Jawed*, seiner Frau Madiha* und ihren drei kleinen Töchtern. Ganz gezielt sind sie in einen Stadtteil gezogen, der wegen seiner Terroristen gefürchtet ist. Dabei sind sie als Christen in Pakistan ohnehin schon bedrängt! Aber dort wollen sie leben und Gott dienen.

Als die Frau mir erzählte, wie viel Angst sie jedes Mal hat, wenn ihr Mann auf der Arbeit ist, wie draußen die Steine gegen das Haus fliegen und Männer ihr drohen, ihre Mädchen zu entführen und zu vergewaltigen, ist sie in Tränen ausgebrochen. Das tat mir so leid. Am liebsten hätte ich gesagt: „Wollt ihr euch nicht vielleicht mal eine

Auszeit nehmen?" So wie man es bei uns in Deutschland macht – einfach mal in den Urlaub fahren. Aber daran denken sie gar nicht.

Diese Begegnung war einer der Höhepunkte auf meiner Reise. Es war so beeindruckend und bewegend, wie diese Familie ganz bewusst Gott dienen wollte! Die Christen in Pakistan sind mehrheitlich ganz einfache Leute. Sie leben einen kindlich vertrauenden Glauben mitten in großen Herausforderungen. Aber sie geben Gott ihre Lasten ab und vergeben ihren Feinden. Darin sind sie mir ein großes Vorbild geworden.

*Namen aus Sicherheitsgründen geändert

15

FREI UND DOCH NICHT FREI

In dem Video hört man nur ihre Stimme, sie selbst aber sieht man nicht. Asia Bibi, die knapp der Todesstrafe entgangene Christin, spricht aus ihrem Exil in Kanada. In ihrem Asylland dürfte sie künftig zwar sicherer leben als in ihrer alten Heimat, doch unbeschwert wird das neue Leben auch in Kanada nicht werden. Denn auch dort müssen die Behörden sie bewachen, mit einer neuen Identität ausstatten und an einem unbekannten Ort verstecken, um sie vor Vertretern des religiösen Hasses zu schützen.

Aneeqa Maria Anthony, pakistanische Anwältin, weiß, warum. „Asia Bibis Leben ist immer noch in Gefahr. In der islamischen Welt gibt es die Ansicht, dass jeder, der sich einmal blasphemisch geäußert hat, immer ein Blasphemist bleibt. Und damit nach Überzeugung fundamentaler islamischer Gläubigen auch jederzeit – gegebenenfalls mit dem Tod – bestraft werden muss", erzählt die Menschenrechtlerin am 13. November 2019 in Schwäbisch Gmünd.

Und erklärt damit auch, warum Asia in einem Video, das am 8. September auf YouTube veröffentlicht wurde, ihr Gesicht nicht zu zeigen wagt.

Doch ihre Stimme ist eine Stimme, die sie für all jene Christen erhebt, die in Pakistan und anderswo wegen ihres Glaubens verfolgt werden.

„Ich, Asia Bibi, Tochter von Salamat Masih, glaube an Jesus. Und heute möchte ich der Welt eine Sache erklären: Ich habe nichts Böses getan, um das zu verdienen, was ich zehn Jahre lang erlitten habe", so Asia in dem Video. „Ich war eine Gefangene, zum Tode verurteilt. Man hat mich der Gotteslästerung angeklagt, aber in Jesus habe ich die Freiheit erhalten und ich habe nicht zugelassen, dass mein Glaube schwach wurde", fügt sie hinzu.

„Mein Glaube ist stark genug, um euch zu bitten: Entfernt euch nicht von dem, was ihr glaubt! An alle Welt: Bitte bleibt dem treu, was ihr glaubt! Meine Botschaft ist für die ganze Welt die gleiche: Bleibt dem treu, was ihr glaubt, auch wenn ihr euch dem Schwert stellen müsst; bleibt eurem Glauben treu, auch wenn ihr alles opfern müsst!"

Asia wendet sich dann an diejenigen, die in muslimischen Ländern der Gotteslästerung beschuldigt wurden und auf ihre Hinrichtung warten. Sie ermutigt sie, „positiv zu denken"; alle anderen Christen bittet sie, „sich ihnen gegenüber positiv zu verhalten, sie zu besuchen und ihnen zuzuhören."

Als Asia Bibi fast sieben Monate nach ihrem offiziellen Freispruch Pakistan verlassen konnte, ging alles ganz schnell. Die 48-Jährige hatte in dieser Nacht- und Nebelaktion keine Möglichkeit, von irgendwem Abschied zu nehmen. Für sie ist das immer noch hart: „Mein Herz brach, als ich ausreisen musste, ohne meine Familie zu verabschieden. Pakistan ist mein Land, Pakistan ist meine Heimat, ich liebe mein Land, ich liebe den Boden, auf dem ich gelebt habe."

Doch noch mehr liebt sie ihren Gott, dem sie auch unter Todesdrohungen nicht abschwören wollte.

Der Fall Asia Bibi demonstriert den Wahnsinn wachsender religiöser Intoleranz. Einige Christen versuchen auf verschiedenen Wegen, die Ursachen zu ergründen und zu beseitigen. Ein Instrument dazu ist die *Nationale Kommission für Gerechtigkeit und Frieden* (*NCJP*). Der Direktor der Organisation mit Sitz in Lahore, Cecil Shane Chaudhry, sagt dazu: „Die Religiosität in Pakistan hat zugenommen, und das betrifft eben nicht nur die humanen Aspekte von Religion, sondern auch die schlechten."

Chaudhry kann ausgiebig von Menschenrechtsverletzungen in Pakistan berichten; von entführten christlichen Mädchen, die zwangskonvertiert und zwangsverheiratet wurden; von immer mehr christlichen Pakistanern, die vor religiöser Verfolgung ins Ausland flohen; von Übergriffen und Morden; von tausend Anklagen wegen Gotteslästerung – ein Verbrechen, auf das die Todesstrafe verhängt werden kann. Asia Bibi ist alles andere als ein Einzelfall.

Der Beauftragte für Kirchen und Religionsgemeinschaften der Unionsfraktion, Hermann Gröhe (*CDU*), fordert gerade auch im Blick auf solche Beispiele einen verstärkten politischen Einsatz für Religionsfreiheit als Menschenrecht, „unabhängig davon, um welche religiöse oder weltanschauliche Überzeugung es geht". Weiter sagt der ehemalige Gesundheitsminister: „Der Mut aller Menschen, die ihren Glauben trotz Bedrängnis und Verfolgung offen bekennen, sollte uns ein täglicher Ansporn sein."

BIBLIOGRAFIE

Amnesty International: „Fear for Pakistan's death row Christian woman". 6. November 2018. https://www.amnesty.org.

Akkara, Anto: „International Clamor for Asia Bibi's Release Grows" 20. Juli 2012.

Agenzia Fides: „Das Leben von Asia Bibi im Gefängnis gefährdet: man befürchtet eine summarische Hinrichtung". 10. Dezember 2010. https://fides.org/de/news/26914-ASIEN_PAKISTAN_Das_Leben_von_Asia_Bibi_im_Gefaengnis_gefaehrdet_man_befuerchtet_eine_summarische_Hinrichtung.

Agenzia Fides: „Freilassung von Asia Bibi: ‚Wir müssen den Richtern zu ihrem Mut zur Wahrheit gratulieren'". 13. November 2018.

Ansari, Salman. Frankfurter Allgemeine Zeitung: „Gäbe es Discos in Pakistan, wären sie hoffnungslos überlaufen". 21. August 2017. https://www.faz.net/aktuell/politik/ausland/islam-auch-muslime-wuenschen-sich-freiheit-und-autonomie-15159274-p2.html.

Aqeel, Asif. World Watch Monitor: „Pakistan: bereaved parents accept compensation but suspect walks free". 10. Mai 2018. https://www.worldwatchmonitor.org/2018/05/pakistan-bereaved-parents-accept-compensation-but-suspect-walks-free/.

BBC News: „Salman Taseer: Thousands mourn Pakistan governor". 25. November 2013.

BBC news: „Pakistani Christian woman appeals over death sentence", 12. November 2010.

Böge, Friederike. Frankfurter Allgemeine Zeitung: „Anschlag. Warum immer wieder Terror in Pakistan?". 28. März 2016.

Busch, Michael: „WikiLeaks: Saudi-Financed Madrassas More Widespread in Pakistan Than Thought". 26. Mai 2011. https://fpif.org/ wikileaks_saudi-financed_madrassas_more_widespread_in_pakistan_than_thought/.

Chaudhry, Kamran: „For Justice and Peace, textbooks are full of intolerance and hatred towards non-Muslims". 29. Juli 2016. http://www. asianews.it/news-en/For-Justice-and-Peace,-textbooks-are-full-of-intolerance-and-hatred-towards-non-Muslims-38179.html.

CNA deutsch: „Pakistan: Christin angezündet, weil sie Muslim die Heirat verweigerte". 23. April 2018. https://de.catholicnewsagency. com/story/muslim-zundet-christin-an-da-sie-sich-weigert-den-glauben-aufzugeben-und-zu-heiraten-3110.

CNN: „Pakistan's president will pardon Christian woman, official says". 24. November 2010. http://www.thenews.com.pk/latestnews/5817.htm.

Crilly, Rob und Sahi, Aoun: „Christian Woman sentenced to Death in Pakistan for blasphemy". 9. November 2010.

CSI: „Christen ohne Rechte". 31. August 2015.

Cicero: „Religiöse Horden treiben den Staat vor sich her". 5. November 2018. https://www.cicero.de/aussenpolitik/asia-bibi-freispruch-proteste-islam-blasphemie-pakistan.

Dawn: „LHC upholds blasphemy convict Asia Bibi's death penalty". 16. Oktober 2014.

Dawn: „Religious scholar Shamzai shot dead". 31. Mai 2004. https:// www.dawn.com/news/394536.

Dawn: „Slain Salman Taseer's son kidnapped". 11. September 2012.

Deutsche Welle: „Blasphemie: Todesurteil in Pakistan aufgehoben". 31. Oktober 2018. https://www.dw.com/de/blasphemie-todesurteil-in-pakistan-aufgehoben/a-46101035.

Deutsche Welle: „Pakistanisches Gericht spricht Asia Bibi endgültig frei". 29. Januar 2019.

Die Welt: „Der Minister kannte seine Mörder". 3. März 2011.

Digital Journal: „Asia Bibi and Impurities in the Land of the Pure". 7. Dezember 2010.

District Jail Sheikhupura (YouTube): „Annual Inspection District Jail Sheikhupura parade". https://www.youtube.com/watch?v=-KoPmSUdH1mA.

Domradio: „Vom Minister zum Märtyrer". 3. April 2011. https://www.domradio.de/themen/erzbistum-koeln/2011-03-04/koelner-theologe-haelt-anerkennung-eines-martyriums-shahbaz-bhattis-fuer-moeglich.

Durchschnittseinkommen. https://durchschnittseinkommen.net/.

Fournier, Deacon Keith. Catholic Online: „Free Asia Bibi! Christian Woman Sentenced to Death in Pakistan under ‚Blasphemy Law'". 11. November 2010.

Global Dispatch Historiker Khursheed Kamal Aziz: „Pakistan: Asia Bibi case delayed for fifth timecourt seeks to pardon TV staff". 28. May 2014.

Guerin, Orla: „Pakistani Christian Asia Bibi has price on her head". 6. Dezember 2010.

Hanns Seidel Stiftung: „Blasphemie und religiöse Gewalt in Pakistan", 16. Februar 2011.

Heiduk, Felix (Hg.): „Das kommende Kalifat? ‚Islamischer Staat' in Asien: Erscheinungsformen, Reaktionen und Sicherheitsrisiken". Juni 2018. https://www.swp-berlin.org/fileadmin/contents/products/studien/2018S09_hdk.pdf.

HMK: „Stimme der Märtyrer", Juni 2016, August 2017, November 2017.

Hussain, Waqar: „Christian Woman Sentenced to Death". 11. November 2010.

IGFM: „Pakistan: Spannungen um Asia Bibi und ihre Familie". 22. November 2018.

International Crisis Group (ICG): „Pakistanischer Imam hetzt ‚Asia Bibi umbringen!'" 7. Dezemeber 2010. https://www.livenet.ch/themen/kirche_und_co/interkulturelles_mission/verfolgte_christen/179040-aasia_bibi_umbringen.html.

International Crisis Group (ICG): „Unfulfilled Promises: Pakistan's Failure to Tackle Extremism". 16. Januar 2004. https://www.crisisgroup.org/asia/south-asia/pakistan/unfulfilled-promises-pakistans-failure-tackle-extremism.

Kazim, Hasnain. Spiegel Online: „Gotteslästerung in Pakistan. Christin soll am Galgen sterben". 11. November 2010.

Kazim, Hasnain. Spiegel Online: „Pakistan: Eine Ziege, ein Streit und ein Todesurteil". 19. November 2010. https://www.spiegel.de/panorama/gesellschaft/pakistan-eine-ziege-ein-streit-und-ein-todesurteil-a-729847.html.

Khan, Shehab. Independent: „Christian teenager beaten to death by classmates in Pakistan". 8. September 2017.

Koslosky, Kayla: „‚She Is Free Now': Asia Bibi Makes it to Canada, Is Finally Reunited with Her Family". 8. Mai 2019. https://www.christianheadlines.com/blog/she-is-free-now-asia-bibi-makes-it-to-canada-is-finally-reunited-with-her-family.html.

Kristof, Nicholas: „Please Don't Abandon Me". 17. November 2014. https://kristof.blogs.nytimes.com/2014/11/19/letter-from-ashiq-masih/.

Legal Evangelical Association Development (LEAD): „Why is Asia Bibi still in jail?". 23. März 2014.

Livenet.ch: „Asia Bibi: ‚Ich vergebe denen, die mich angezeigt haben'". 19. Januar 2016.

Martin, Laurence. The Zimeray & Finelle Law firm: „Asia Bibi soon in Canada". 1. Februar 2019.

McCarthy, Julie: „Christian's Death Verdict Spurs Holy Row In Pakistan". 14 December 2010.

Missio. Movement for Solidarity and Peace in Pakistan (Hrsg.): „Bericht über Zwangsehen und Zwangskonversionen von Christen in Pakistan". 2014.

Mittwoch, E.: „D̲h̲u ʾl-Faḳār", in: *Encyclopaedia of Islam, Second Edition*: 2012. http://dx.doi.org/10.1163/1573-3912_islam_SIM_1827.

Multan-Jail. https://prisons.punjab.gov.pk/women_jail_multan.

Nardi, Giuseppe: „Seligsprechung für Shabaz Bhatti". 24. Oktober 2019. https://katholisches.info/2019/10/24/seligsprechungsverfahren-fuer-shahbaz-bhatti/.

National Review Online: „Pakistan's Honorable Shahbaz Bhatti, Murdered with Impunity One Year Ago". 7. Januar 2014.

Newsweek Pakistan: „Waiting for Shahbaz Taseer". 11. Januar 2014.

Neue Züricher Zeitung: „Bereit zum ‚Märtyrertod' – Pakistans Islamisten erpressen den Staat". 6. November 2018.

Omer, Reema: „Asia Bibi's case: A final plea for justice". 8. Oktober 2018. https://www.icj.org/asia-bibis-case-a-final-plea-for-justice/.

Open Doors: „Pakistan: Asia Bibi – Alltag im Gefängnis". 17. November 2015.

Papst Benedikt XVI. Angelusgebet vom 6. März 2011. https://kirchennews.wordpress.com/category/mittagsgebet/.

PLJ Lawsite: „Article 506 of the Pakistan penal code outlaws ‚criminal intimidation'". http://www.pljlawsite.com/html/ppc506.htm.

Pro: „Schulbücher in Pakistan fördern Hass gegen Christen" 3. August 2018. https://www.pro-medienmagazin.de/weltweit/2016/08/03/schulbuecher-in-pakistan-foerdern-hass-gegen-christen/.

Ranjah, Zia Ullah: A Critical Review of Asia Bibi Case. https://sahsol.lums.edu.pk/law-journal/critical-review-asia-bibi-case.

Reuters: „Militants say killed Pakistani minister for blasphemy". 2. März 2011.

Sayah, Reza und Habib, Nasir: „Christian Woman Sentenced to Death for Blashemy in Pakistan". 11. November 2010.

Spiegel Online: „Nach Freispruch für Christin: Pakistans Regierung beugt sich Protest der Islamisten". 3. November 2018.

Sayah, Reza: „Pakistan president urged not to pardon Christian woman". 24. November 2010.

Schwanitz, Mirko und Günter Keiffenheim. Deutschlandfunk: „Vorhof zur Hölle. Das Leiden der Häftlinge in Pakistan". 19. Mai 2007. https://www.deutschlandfunk.de/vorhof-zur-hoelle.799.de.html? dram:article_id=120193.

Schweizer Flüchtlingshilfe: „Pakistan: Situation von Christinnen. Schnellrecherche der SFH-Länderanalyse". 8. Juni 2018.

Seibel, Johannes. Weltkirche.de: „Ein Glaube, den keine Bombe erschüttert". 17. Februar 2014. https://weltkirche.katholisch.de/Aktuelles/ 20140217_Ein-Glaube-den-keine-Bombe-ersch%C3%BCttert.

Sengupta, Hindol. India Telegraph: „A governor who loved his cigarettes, coffee and Cavalli and could out-party anyone in Lahore". 9. Januar 2011. https://www.telegraphindia.com/india/a-governor-who-loved-his-cigarettes-coffee-and-cavalli-and-could-out-party-anyone-in-lahore/cid/437846.

Shahbaz Bhatti: Cristiani in Pakistan. Marcianum Press, 2008.

Shahzad Masih und Shama Bibi. CSI: Ziegelofen-Mord: „Fünf Muslime zum Tode verurteilt". 28. Mai 2019. https://csi-schweiz.ch/artikel/ ziegelofen-mord-fuenf-muslime-zum-tode-verurteilt/.

shz.de: „Weihnachten in Pakistan". 3. Dezember 2016. https://www. shz.de/15506501 ©2019.

St. John, Hal: „Ten million people now want to kill me". 14. Juni 2012.

Süddeutsche Zeitung: „Pakistan: Mann von freigesprochener Christin bittet um Asyl". 4. November 2018. https://www.sueddeutsche.de/

panorama/justiz-pakistan-mann-von-freigesprochener-christin-bittet-um-asyl-dpa.urn-newsml-dpa-com-20090101-181104-99-659512.

Tagesanzeiger: „Ihr Elend begann mit einer Ziege". 1. Dezember 2010.

The Daily Mail: „Sentenced to death for being thirsty", 24. November 2013.

The Daily Telegraph: „Pope Benedict XVI calls for release of Christian sentenced to hang in Pakistan". 27. November 2013. https://aclj.org/persecuted-church/stop-paying-for-persecution.

The Express Tribune: „TTP Spokesperson, Five Other Leaders Declare Allegiance to Islamic State". 14. Oktober 2014. https://tribune.com.pk/story/775152/ttp-spokes.

The Guardian: „Salman Taseer, Asia Bibi and Pakistan's struggle with extremism". 3. März 2011.

The Independent: „Salman Taseer came here and he sacrificed his life for me". 8. Januar 2011.

The Independent: „Christian teenager beaten to death by classmates in Pakistan". 8. September 2017. https://www.independent.co.uk/news/world/asia/christian-teenager-beaten-to-death-pakistan-classmates-sharoon-masih-mc-moden-boys-government-school-a7936796.html.

The Post Millennial: „Islamist claims he has landed in Canada to kill Asia Bibi". 15. Mai 2019.

The Telegraph: „Christian woman sentenced to death in Pakistan for blasphemy". 13. Januar 2014.

The Tribune: „Blasphemy case: Cleric offers Rs 500,000 for Aasia's execution". 3. Dezember 2010.

The Tribune: „Only 165 Multan prisoners apply for postal ballot". 5. Juli 2018. https://tribune.com.pk/story/1749890/1-165-multan-prisoners-apply-postal-ballot/.

Tollet, Anne-Isabelle: Rettet mich! Zum Tode verurteilt wegen eines Bechers Wasser. Weltbild, 2011.

Ul-Haq, Shams. 20 Minuten: „Familie von Asia Bibi – Versteckt und in ständiger Angst". 5. April 2019.

Vatican News: „Asia Bibi dankt Gott für Befreiung". 9 November 2018. https://www.vaticannews.va/de/welt/news/2018-11/pakistan-asia-bibi-dankt-gott-befreiung.html.

Vatican News: „Pakistan: Muslimische Namen, um sich vor Missbrauch zu schützen". 13. Oktober 2019. https://www.vaticannews.va/de/welt/news/2019-10/pakistan-muslimische-namen-christen-kinder-missbrauch-schutz.html.

Vatikan News: „Zahl der Blasphemie-Fälle in Punjab auf Rekord-Hoch". 6. März 2018. https://www.vaticannews.va/de/welt/news/2018-03/pakistan-blasphemie-blasphemiegesetz-lahore-punjab-asia-bibi.print.html.

Venzky, Gabriele: „Freigesprochen – aber so gut wie tot". 4. November 2018. https://www.emma.de/artikel/freigesprochen-aber-so-gut-wie-tot-336257.

Welt: „Nirgends gibt es so viel Gewalt gegen Christen wie in Pakistan". 15 Januar 2019. https://www.welt.de/politik/ausland/article187139696/Pakistan-steht-auf-der-Liste-der-Christenverfolger-auf-Platz-eins.html.

World Watch Monitor: „Christ von muslimischen Mitschülern totgeschlagen". 22. September 2017.

Zastiral, Sascha. Neue Zürcher Zeitung: „Familie von Asia Bibi – Versteckt und in ständiger Angst". 6. Januar 2011.

Zeltmacher: „Pakistan: Freilassung von Asia Bibi gefordert". 5. Oktober 2011.

Denis Mukwege
mit Berthild Akerlund

Meine Stimme
für das Leben

Die Autobiographie des
Friedensnobelpreisträgers 2018

Hardcover
272 Seiten
ISBN 978-3-7655-0704-5
auch als E-Book erhältlich

Mit dem Kauf dieses Buches spenden Sie 1 € an das
Panzi-Hospital

Für seinen Einsatz für die Opfer sexueller Gewalt wird der
kongolesische Arzt Denis Mukwege am 10.12.2018 mit
dem Friedensnobelpreis ausgezeichnet. In seiner mitrei-
ßenden Biografie erzählt er, wie aus dem Pastorensohn ein
weltbekannter Mediziner wurde und warum er bereit ist,
für die Frauen im Kongo sein Leben zu riskieren.

*Eine atemberaubende Lebensgeschichte. Unfassbar mutig
und inspirierend, weil der Held ein Mensch ist, der nach dem
Motto lebt: „Das Einzige, was die Gewalt besiegen kann, ist
die Liebe. Und noch mehr Liebe.*

Daniel Böcking, Bestsellerautor und Journalist